社員に向き合い続けることが、最良の道

Branding経営

～人的投資×管理職育成×社内外広報戦略～

関野吉記
株式会社イマジナ 代表取締役

プレジデント社

はじめに／社員は、会社の真実を伝える「伝道者」

最近、さまざまな企業の経営者とお会いすると「管理職が企業理念を体現できていない」「マネジメント人材を育成したい」「すべての社員がやりがいをもって働ける環境をつくりたい」「一体感のある強い組織をつくり、企業としてのステージを底上げしたい」といった課題を持っているという話を聞くことが多い。これらは突き詰めると、企業としての「ブランド」が構築できていないからだといえる。

ブランディングは経営の基本であり、本質でもある。経営者がそれを理解しない限り、企業としての成長や発展、ましてや永続など望むことはできない。企業のブランドコンサルティングを生業としている私は、いまこそ声を大にして言いたい。「Branding経営を実践する時代がきた」と。

では、ブランディングとはいったい何なのだろう——。

広告、WEBメディア、SNSなどを駆使して自社と自社製品の価値をコンシューマーや取引先に正確に伝え、他社との差別化を図っていく。その結果として、コンシューマーや取引先から「△△なら○○社だね」という「識別」をされるようになったら、ブランディングは成功だ……。

それは、その通りだと思う。間違っているわけではないのだ。だが、こうして外向きに施策を打つことがブランディングの本質ではない。

「じゃあ、お前の考えるブランディングとはどういうものなんだ?」

こう問われるたび、私はいつも、こんなたとえ話をすることにしている。

「ブランディングとは、たとえて言えば身近な人を大切にすることに似ています。あなたは、身近な人を大切にできていますか?」

身近な人と言われて思い浮かぶのは、両親、配偶者、子ども、恋人といった存在だと思うが、果たしてあなたは、こうした存在を大切にしていると言えるだろうか。たとえば、結婚したいと思う異性が現れたときのことを思い出してほしい。おそらくデートの内容に工夫をこらし、プレゼントに何を贈ればいいか悩み抜き、相手の反応に一喜一憂したのではないだろうか。ところが、結婚して10年もたてば、多くの人が「仕事が忙しい」「明日はゴルフだ」「疲れているんだ」などという理由を並べては、配偶者と向かい合うことをしなくなってしまう。

だからといって、身近な人が大切でなくなったわけではないとあなたは言うかもしれない。そう、まさに問題なのは、「大切なのはわかっているけれど向き合わなくなってしまった」、その状況にあるのだ。

大切だと思い続けるのは簡単なことだが、正面から向き合うことを長きにわたって継続するのは、とても困難なことなのである。

ブランディングには、「アウターブランディング」と「インナーブランディング」の2つがある。アウターブランディングとは「外向き」のブランディングであり、インナーブランディングとは「内向き」のブランディング、社内向けのブランディングと言い換えてもいいだろう。私は長年企業と関わってきた経験から、わけてもインナーブランディングが一番重要なことを痛感してきた。ブランドというものは、インナーブランディングを疎かにすると一瞬で崩れ去る。たとえば、あるスーパーマーケットが惣菜の販売に力を入れていたとしよう。食材には有機野菜を使い、パッケージもエシカルなものを選択。ところがシフト勤務を終えた社員やパートさんが、自社の惣菜を一切買わなかったとしたらどうだろう。そして、一般の客がその事実を知ってしまったらどうか。いくらいい材料を使っていると宣伝しても、本当に体にいい商品なのだろうかと疑問を持たれてしまう。しかも、そうした疑問や憶測がＳＮＳで瞬時に拡散されてしまう時代なのだ。

身近な人、つまり自社の社員は自社の本当の姿を知っている。しかも、真実の姿を外部に伝える「伝道者」でもあるのだ。その伝道者たちが心の底から誇れるビジネスを構築し、伝道者たちを継続的に守り育てることをしなかったら、アウターブランディングにいくら金と時間を投入しても、まったく意味がない。

Branding経営とは、インナーブランディングの徹底であり、特に、人材を「人財」に高めていくための手法である。本書が、激動の時代に舵取りを任された経営者のみなさんの、羅針盤になれれば幸いである。

株式会社イマジナ 代表取締役　関野吉記

Contents

Chapter 1

Chapter 2

Chapter 3

Contents

Chapter 4

Branding戦略の根幹に、「WEB」活用を！ …… 143

Chapter 1

「人材投資」で、企業ブランドを築いていく

会社を飛躍させる決定的な要因は「人」に尽きる

ブランドと聞いて多くの人が真っ先に思い浮かべるのは、ルイ・ヴィトンやエルメスといったファッションブランドではないだろうか。

ルイ・ヴィトンの創業者であるルイ・ヴィトン氏が、旅行用のトランクを製作するアトリエをオープンしたのは、1854年頃だといわれている。一方、エルメスの創業者、ティエリー・エルメス氏が馬具の工房をオープンしたのは1837年のことである。

いずれのブランドも、創業者の時代から世界的なファッションブランドになったわけではないが、創業から起算すれば、ともに100年を超える歴史を生き延びてきた世界的なブランドである。

では、日本の時計メーカー、セイコーの創業はいつかといえば、服部金太郎氏が服部時計店（中古時計の販売、修繕専門）を開業したのが1881年、時計工場・精工舎で国産時計の製造を始めたのが1892年である。ルイ・ヴィトンが旅行用トランクのアトリエを開いた年を考えると、ブランドとしての歴史の長さは決してひけを取っていないのである。

さて、ルイ・ヴィトンやエルメスのバッグは、いったいいくらで取引されているだろうか。ネットで調べればすぐにわかることだが、ルイ・ヴィトンのバッグの中には中古品で700万円を超えるものがあり、オークションで1000万円以上の値がついたものもある。一方、エルメスの中でも最も人気の高い「バーキン」シリーズは、中古品で1000万円を超えるのはざら。オークションで4000万円を超える高値がついたものもあるというから驚く……。

では、わが日本が誇るセイコーの時計はどうだろうか。

ご存じの通り、セイコーのトップブランドは「グランドセイコー」であり、このシリーズのラインナップには新品で2000万円を超える超豪華なジュエリー・ウオッチもある。

ところが中古品市場になると、ぐっと値段が下がってしまう。レアなモデルでも100万円前後で買えてしまうものが多いのだ。ロレックスの中古品の中には1億円を超えるものがあることを考えると、そこには何か圧倒的な壁があるように感じられる。


どうしてわざわざ中古品の価格を引き合いに出すのかというと、まさにここにブランド力の差が出ているからだ。つまり、ルイ・ヴィトンもエルメスもロレックスも、中古になっても値段が下がらない。

いや、むしろ新品のときよりも値上がりしているものが多いのだ。

しかし、セイコーの時計は必ずしもそうではないのである。

私はセイコーの時計が好きで、グランドセイコーも持っているが、残念ながら、新品を買って包装を解いてしまったら、いくら「一度も腕に巻いていない」と言い張っても、一部のメモリアル・モデルなどを除けば、買い取り価格は新品の半値以下になってしまう。
いったいこの差は、どこから生まれてくるのだろうか。

ルイ・ヴィトンにせよエルメスにせよ、バッグ本体の製造原価はおそらく販売価格の５％程度ではないかと思う。本革ではなく塩化ビニールの製品も多く、そうなるとさらに製造原価は下がるだろう。

つまりブランド価値とは、素材や、機能性、耐久性を超えた何ものかなのであり、だからこそ、機能性や耐久性では世界に冠たるわが国のグランドセイコーでさえも、世界的ブランドと肩を並べられないという不可解な現象が起こってしまうのだ。では、この無形の価値を生み出し、その価値を支えているものとはいったい何だろうか。

熱狂的なファン？
連打される広告宣伝？
優れたマーケティング戦略？

多くの人が考える答えは、こんなところではないかと思う。

しかし、私の答えはまったく違う。


ブランドの価値を生み出しているのは、間違いなく「社員」である。


社員こそが、自社ブランドの最も熱烈な支持者であり、最も一途な守護者なのである。

圧倒的にロイヤルティーの高い社員を抱える企業でなければ、永続的な世界ブランドを生み出すことなど絶対にできない。

「はじめに」でも書いた通り、社員が自社の惣菜を買って帰らないようなスーパーが、いくら宣伝を打ったところでブランドを確立することはできない。

社員が自社の惣菜を喜んで買って帰るようなスーパーでなかったら、客からの信頼と支持を得ることなどできるはずもない。

企業を成長させ永続的なブランドを確立するための鍵は、圧倒的に「人」にあるのだ。人、人、人と何度言っても足りないぐらいなのである。

ある程度の年齢の方は、オンワードというアパレル会社の名前をご記憶だと思う。

私が子どもの頃だからもう30年近く前になるが、オンワードのテレビCMをよく目にしたことを覚えている。「組曲」や「23区」といったオンワードのオリジナルブランドの名前を子どもの私が知っていたのは、オンワードのCMをテレビで見ていたからである。

では、テレビCMを大量に打ち続けた結果、オンワードは世界的なアパレルブランドに成長しただろうか。残念ながら、答えはNOである。

デパートの多くがショップインショップの形でアパレルや宝飾店を入居させるようになって以降、デパートのメインの売り場は、それこそルイ・ヴィトンやエルメス、シャネル、ティファニーといった世界的なブランドに占領されるようになってしまった。
何が言いたいかというと、いくらテレビCMを打ったとしても、ブランドとしての価値は上がらないということなのだ。広告宣伝費を湯水のように使ったところで、ブランド価値はそう変わらない。

ブランディングには、アウターブランディングとインナーブランディングの2種類があるという話はすでにしたが、広告宣伝は、言うまでもなく「外向け」の施策、アウターブランディングの一つである。

もちろん、企業にとって重要な施策であることは間違いないが、オンワードの変動は、アウターだけやっても意味がないことを象徴していると私は思う。

この事態を別の角度から見てみると、おそらくオンワードが総額で言えば何十億、何百億と費やしたであろう広告宣伝費は、オンワードの「資産」にならなかったということ、「財産」たりえなかったということなのだ。

目を向けるべきは「有形」ではなく、「無形」資産

みなさんは、「デューデリジェンス」という言葉をご存じだろうか。

一般的には、M&Aを行うときや投資を行うとき、対象となる企業の事業内容や財務内容、法律的な側面について調査することを指す。

その結果によって買収額や投資額のボリュームを判断していくわけだから、買収を図る側の経営者や投資家にとって非常に重要な作業である。

実を言うと私は、ヒューマン・デューデリジェンスの仕事をやっていたことがある。ヒューマン・デューデリジェンスとは、人事デューデリジェンスともいわれるが、文字通り、人事の面からその企業を調査する作業である。調査の対象は、人材への投資状況、人事制度やその制度の運用法、さらには、実際にどのような能力を持った人材が在籍しているのかといったことまで、多岐にわたる。

ヒューマン・デューデリジェンスの仕事をやってきてしみじみと感じるのは、残念なことに、日本企業がいかに人材への投資を行ってこなかったかという事実である。

図1「GDPに占める企業の能力開発費の割合」を見ていただきたい。これは厚生労働省による調査結果なのだが、ご覧の通り日本企業の能力開発費の対GDP比率は、先進国の中でもずっと低いのである。しかも、この調査が開始された1995年以降、この比率は「経年的に低下」し続けているのだ（経産省のHP参照）。アメリカやフランスが、日本よりもはるかに高いレベルで横ばいか、能力開発費を増加させていることを考えると、日本の企業が無形資産（人）への投資を怠っていることがわかる。

では、なぜ日本企業は人への投資において世界に後れを取っているのだろうか。ひとことで言えば、いくら人に投資をしても企業として評価されない現実があるからだ。人への投資額が多い企業よりも、キャッシュをたくさん抱え込んでいる企業の方が日本では高く評価されてしまう。

これは、株式発行による直接金融より、銀行による間接金融の方がいま

図1　GDPに占める企業の能力開発費の割合

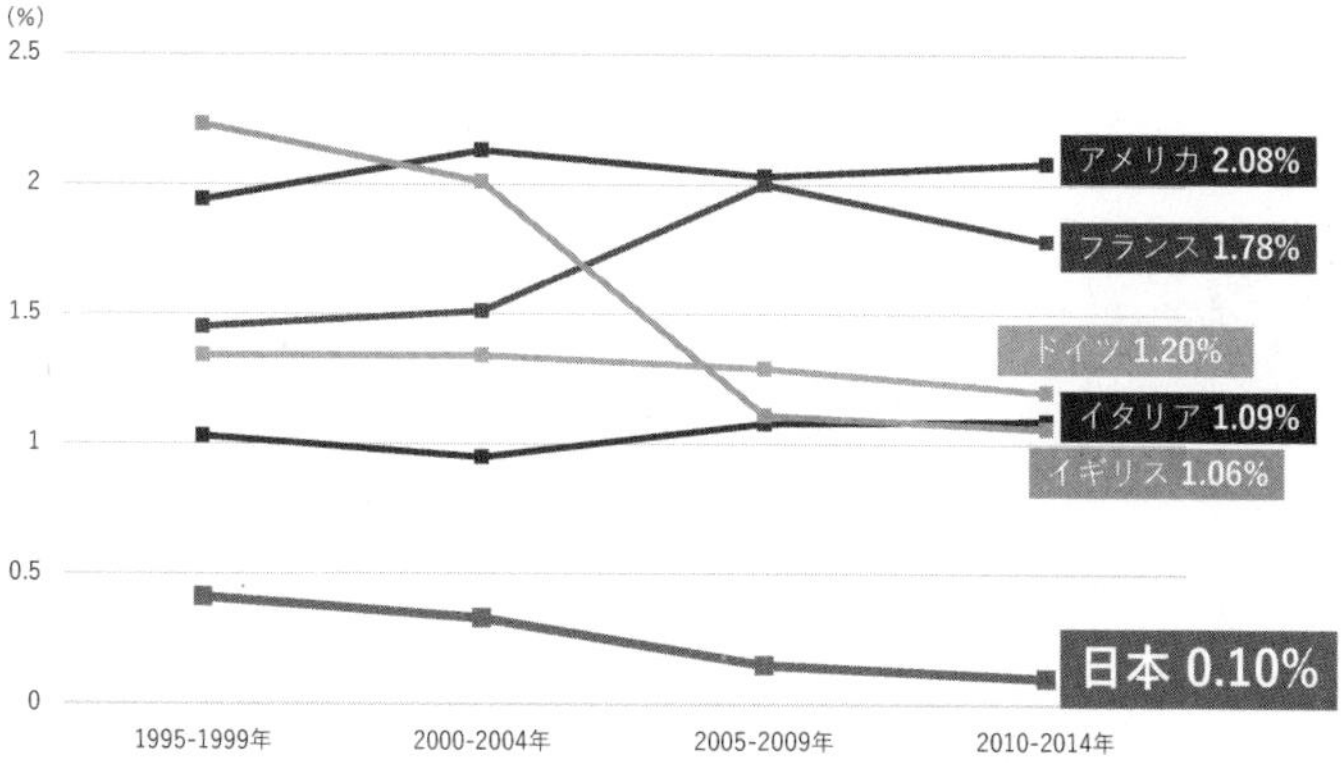

出典：イマジナ　厚生労働省「平成30年版 労働経済の分析―働き方の多様化に応じた人材育成の在り方について―」より

だに主流であるという伝統的な日本の金融のあり方のせいでもあるのだが、日本の場合、担保価値のある土地、建物、キャッシュ、有価証券など「有形」のものは資産として評価されるが、ノウハウ、知財、そして人材（社員のスキルや知識）といった「無形」のものは評価されにくい。

そして、有形資産を多く持っている製造業が、いまだに産業の中心的な存在であり続けているのである。その結果、日本企業の多くがグローバルな競争から取り残されてしまうことになった。

図2は、30年前のグローバルな時価総額トップ10と現在のトップ10を比較したものだが、30年前はトップ10のうち日本企業が実に7社も入っていたのだ。しかし、2022年現在、トップ10に入っている企業は1社もないのである。

では、顔ぶれはどのように変わったのだろうか。

30年前のトップ10を見ると、日本の銀行が5社も入っている。まさに「有形資産」であるキャッシュを潤沢に持っていた企業群である。

1989年はバブルの絶頂期で日経平均が史上最高値を記録した年でも

あったから、銀行が保有していた株式の含み益が膨れあがって時価総額を押し上げる結果になった。一方、２０２２年のトップ企業の大半はＩＴ企業、つまり世界中から優秀人材を獲得するために投資し、「無形」資産を多く抱えた企業であることが一目でわかるだろう。ちなみに、日本企業ではトヨタ自動車の39位が最高であり、しかも世界の上位１００社に入っているのは、なんと、このトヨタ自動車1社だけなのである。

ある研究によれば、米国の場合、企業の投資の50％近くが無形資産に対する投資であり、一方、日本の場合は企業の投資の80％が、いまだに有形資産に対するものだという。

これはそのまま、日米の産業構造の違いを反映しているわけだが、世界の企業の価値を測定する基準はこの数十年で劇的な変化を遂げており、明確に有形資産から無形資産を評価する方向にシフトしている。

日本は、この「有形から無形へ」という流れに完全に乗り遅れてしまったと言うほかない。

図2　時価総額の推移

日本企業の時価総額

日本企業は7社

1989年（平成元年）

	会社名	時価総額
1	NTT	20兆円
2	日本興業銀行	8.9兆円
3	住友銀行	8.6兆円
4	富士銀行	8.3兆円
5	第一勧業銀行	8.2兆円
6	IBM	8兆円
7	三菱銀行	7.4兆円
8	エクソン	6.9兆円
9	東京電力	6.8兆円
10	ロイヤル・ダッチ・シェル	6.7兆円

約30年後

金融会社ではなく
IT企業が評価
される時代に

日本企業は0社

2022年（令和4年）

	会社名	時価総額
1	Apple	337兆円
2	サウジアラムコ	294兆円
3	Microsoft	245兆円
4	Alphabet(Google)	174兆円
5	Amazon	163兆円
6	テスラ	101兆円
7	バークシャー・ハサウェイ	92.6兆円
8	ユナイテッドヘルス	73.3兆円
9	Johnson & Johnson	65.6兆円
10	エクソンモービル	64.9兆円

出典：ダイヤモンドオンライン、PWC調査「時価総額トップ100」より

構造的変化に対応するため、「人」に投資を！

この事実は、トヨタ自動車という、日本を代表するグローバル企業の現状を見ても明らかだ。

いまさら言うまでもないことだが、トヨタは傘下に膨大な数の系列企業を抱えており、「トヨタが風邪を引けば名古屋が入院する」と言われるほど、地域経済への影響も大きい。

しかし、トヨタの平均年収は、ほかの日本企業と同様だが、米国のグローバル企業に比べると著しく見劣りする。24兆円もの内部留保を抱えるトヨタは、ざっくり言って、現在の3倍まで給与水準を引き上げても十分やっていけると私は思うのだが、決してそうはせず、内部留保を手厚く保持し続けている。その他の日本の大企業の多くも、似たり寄ったりである。では、日本企業全体の伝統でもある、乾いた雑巾をさらに絞るようにコストダウンにコストダウンを重ね、内部留保を貯めこんでいくことを続けてきた結果、いったい何が起こっているだろうか。次の数字と図3をご覧いただきたい。

これはイーロン・マスク率いる米国のテスラモーターズと世界の主要自動車メーカーの株式時価総額を比較したものだが、テスラの時価総額は約107兆円、実にトヨタ（約28兆円）の4倍もあるのだ。

- **新車販売台数　トヨタ　1049万台**
  テスラ　93万台
- **売上高　トヨタ　31兆円**
  テスラ　7兆円
- **純利益　トヨタ　3兆円**
  テスラ　7000億円

（出典／イマジナ調査から）

ご覧のように、新車販売台数ではトヨタが圧勝しているのに、時価総額ではまったくかなわないという逆転現象が起こっているのだ。

では、株式時価総額とはいったいなんだろうか？

図3　テスラの時価総額は、トヨタをはるかに超える

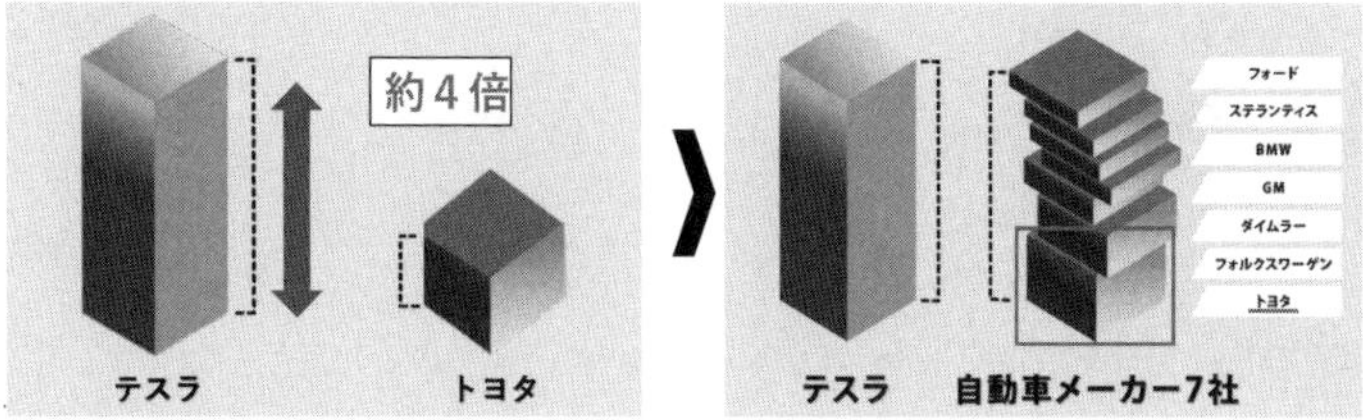

出典：イマジナ　2021年10月時点のデータをベースにイマジナで作成

株式時価総額とは、その企業の「伸びる力」や「未来の姿」への期待に投資されたお金の総額と言っていいだろう。つまり、トヨタは世界で最も台数を売っている会社でありながら、はるかに規模の小さなテスラモーターズの方が期待値が高いのである。なぜか。はっきり言って、トヨタ生産方式はもう時代遅れになってしまったからだろう。

トヨタ生産方式とは（図4）、トヨタ自動車を頂点とするピラミッド型をした企業群によって成り立っている。何層ものサプライヤーが頂点に位置するトヨタ自動車に部品を供給するために働き、頂点のトヨタ自動車がそれらを組み立てて消費者に販売する。販売代金は、今度は頂点から裾野に向かって分配されていく。この美しいピラミッド構造においては、トヨタ自動車が定めた規格に合致する部品をトヨタが決めたスケジュールで粛々と供給することがサプライヤーの使命であり、それを象徴するのがいわゆる「かんばん方式」であった。しかし、こうしたピラミッド型の生産方式は、いまや完全に過去のものになりつつあるのだ。自動車の部品としても、また自動車の運転自体にも、いまや半導体とＡＩは欠かせないものとなっ

図4　トヨタ生産方式から新しいスタイルに

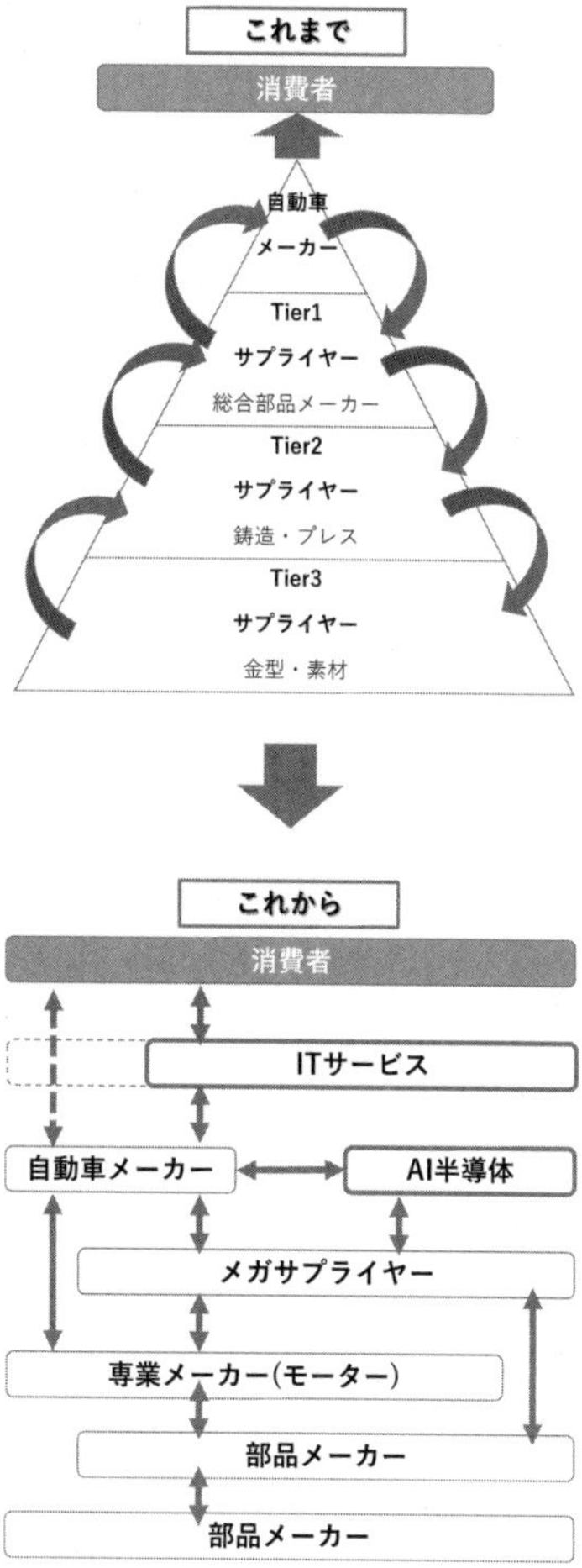

出典：イマジナ

ており、AI・半導体のメーカーは自動車メーカーと対等の地位にあると言ってよい。また、かつては「下請け」と呼ばれていた部品メーカーの中から「メガサプライヤー」と呼ばれる大企業が台頭してきたことによって、サプライチェーンにも大きな変化が起きている。

メガサプライヤーの多くは、いわゆる「系列」に縛られることなく、グローバルに、自由に、部品の供給を行うようになっており、自動車メーカー自身も系列を離れて、グローバルマーケットから部品の調達を行うようになっているのだ。

さらに言えば、自動車メーカーと消費者の間も、系列の販売店だけでなくITサービスがつなぐようになっている。

では、このような構造的な大変化に対応していくためには、いったい何が必要なのだろうか。それが、最新鋭の工場や機械などの生産設備ではないことは明らかだろう。それは、人であり、知識であり、ノウハウであり、つまりは「無形」の資産なのだ。

日本の未来のためにも優秀な人材を育成する

話が少し横道にそれるが、こうした「人への投資の差」は、日本の大学と世界の大学のあり方の違いを見てもはっきりとする。

私はニューヨーク大学（NYU）に在籍していたことがあるのだが、NYUは2010年に、アラブ首長国連邦のアブダビ（首長国の一つ）にNYUアブダビ校を設置している。すごいのは、このNYUアブダビ校の学費だ。なんと授業料がタダなのである。しかもアブダビにやってくるまでのチケット代まで支給される。もちろん、卒業後にアブダビで2年間働くという縛りはあるものの、NYUアブダビ校は、学費を無料にすることによって世界中から優秀な学生を集めることに成功している。

その結果、NYUアブダビ校は設立間もないというのに、SAT（米国の大学進学共通試験）で米国の伝統校で形成されるアイビーリーグと同等の成績を収めた学生が集まるようになったのである。

このように、グローバルな世界には、返済不要の奨学金を積極的に出すことによって世界中から優秀な学生を集める大学がたくさんあるというのに、日本の大学はいったい何をしているのだろうか。

そもそも給付型の奨学金が少ないだけでなく、貸与を受けた奨学生にまるで住宅ローンのような借金を背負わせて、卒業後の社会人生活を追い詰めてしまうケースが非常に多い。日本は人に金をかけずに苦労をかける。そうやって絞り上げた方が、人間が強くなるとでも思っているのだろうか。

トヨタとテスラの時価総額の違いは、この考え方が過ちであることを如実に証明していると私は思う。世界の投資家は、キャッシュを貯めこんでいるトヨタよりも、人に投資をして世界中から優秀な人材をかき集め、「人財」という資産を貯めこんでいるテスラの未来に大きな期待を寄せているのである。早稲田や慶應といった日本の大学の卒業生は、喜んでトヨタやソニーに入社するかもしれないが、世界のトップクラスの大学の卒業生、たとえばハーバードやスタンフォードの卒業生は、テスラやアップルを目指すことはあっても、わざわざ日本企業に入ることはないのである。

人に投資をして人材を「人財」に高めていかなくては、日本企業に未来はない。そして、人財は字面だけの問題ではなく、企業にとって本当に財産、資産となっていく時代なのである。

これは、日本の中で持続的に成長を遂げている一部の企業についても言えることだ。ユニクロを展開するファーストリテイリングの優秀な社員の多くは、20代後半から、なんと年収1000万円に手が届くという。一方、日本企業の平均は、年齢に応じた賃金の上昇が乏しいだけでなく、どの年代でもユニクロの半分程度でしかないといわれている。おそらく、「ユニクロは業績がいいから高い給与が支払えるのだ」と考える人が多いと思うが、私の見立ては逆だ。「高い給与を支払うから優秀な人材が集まって、業績が伸びる」のである。

ちなみに、日本の平均賃金はすでに2015年に韓国に追い抜かれている。日本は韓国よりも発展している国であると考える人が多いけれど、すでに韓国に抜かれてしまったのだということを自覚すべき時期にきているのだ。日本に比べて国内マーケットの小さい韓国の優秀な若者たちは、賃金の低い日本を目指すはずもなく、米国やカナダの企業に就職していく。日本人よりも韓国人の方が、はるかにグローバルで活躍している人材の比率が高いのである。


余談になるが、ミャンマーやベトナムなどの外国人労働者のブローカーと話をすると、彼らの多くが異口同音にこんなことを言うようになった。

「日本は、給料は安いけれど治安がいいから、1年ぐらい日本で仕事を覚えさせてから他の国に行かせる」

つまり、現在の日本は外国人労働者の「研修センター」の場ではあっても、本業をやる場所ですらなくなりつつあるのだ。

介護の現場を外国人労働者に支えてもらわなくてはならない時代に、アジアからの労働者が日本をスルーする現象がすでに起きている。人の問題は、日本の未来にとって本当に深刻な問題なのである。

若手に手を差し伸べるために、経営者自身が動く

では、人に投資をしない日本という国では、どのような未来が若者たちを待ち受けているのだろうか。暗い話ばかりで恐縮だが、厚生労働省の人口動態統計などから「高齢者一人を支える現役世代の人数」を試算すると、1970年には現役世代8・5人で一人の高齢者を支えていたのに、2010年では現役世代の人数が2・6人に減少し、2050年にはなんと1・2人になってしまうと予想されている。もちろん、1・2人であろうと1・0人だろうと、支える側に余裕があればいいわけだが、なんと日本の平均賃金は2000年からまったくの横ばいなのである。

もうひとつ、頭の痛くなる数字を見ておこう。

「世界と日本の人口推移」（朝日新聞デジタル・2019年6月18日版）によると、

世界の人口は増加を続けており、2057年には100億人を突破すると予想されているのに対して、日本はすでに人口減少社会に突入している。2058年には1億人を下回り、2100年には7500万人程度まで減少する可能性があるというのである。しかも、2060年頃には高齢化率が40%という極めて高い水準に到達するという。

つまり、高齢者の割合は増え続け、若者は減っていくのに、給料はまったく上がらない。これが、現代の日本の素顔なのである。

こうした状況を見て、テスラのCEOであるイーロン・マスクは、こんな衝撃的な言葉をツイッターに投稿している。

「出生率が死亡率を超えることがないかぎり、日本はいずれ消滅するだろう。これは世界にとって大きな損失になる」

こうした事態は世界にとっての損失であるだけでなく、国内の企業によっても深刻な問題であることは言うまでもない。図5を見てほしい。

これは都道府県別の後継者不在率（2021年・帝国データバンク調べ）を示

図5　企業の課題は「後継者不足」

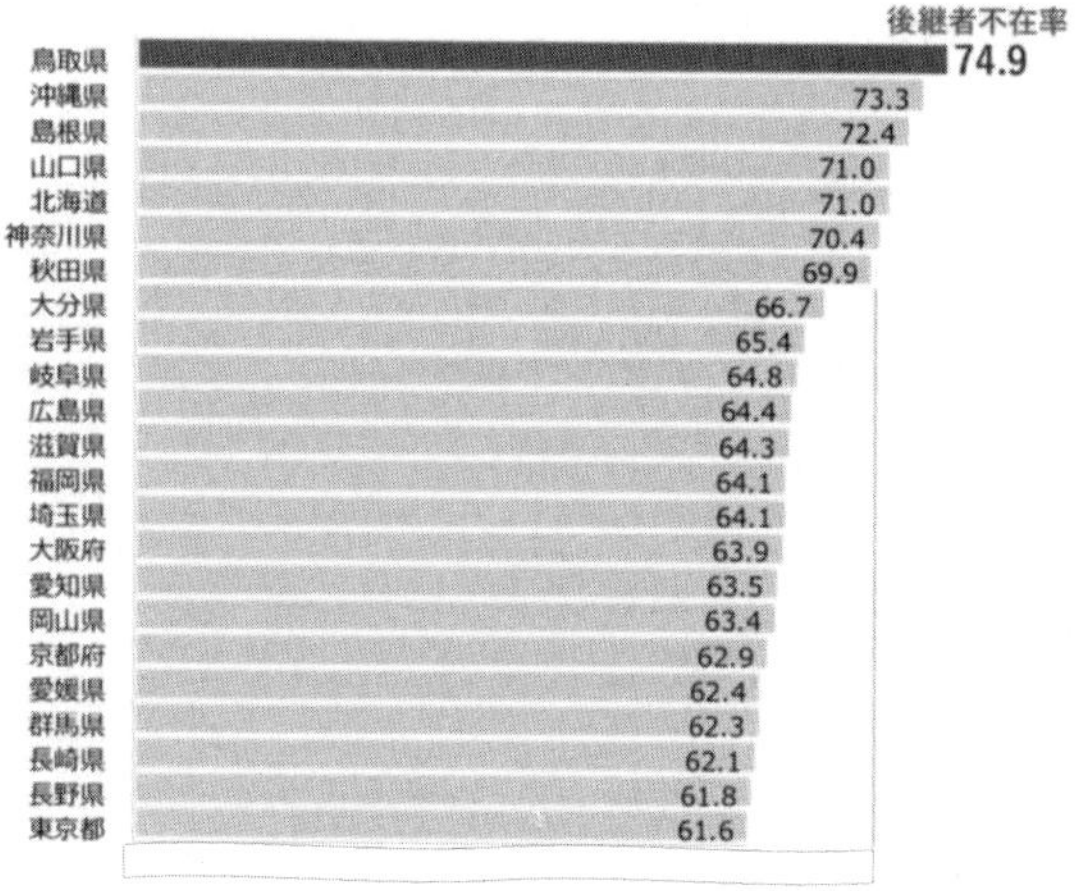

全国・全業種約 26 万 6000 社で
後継者が「いない」と回答した
企業は 16 万社（61.5%）

10社に6社が
後継者不在

出典：イマジナ　全国企業都道府県別後継者不在率（帝国データバンク）より作成

したものだが、日本全国の全業種26万6000社を対象とした調査で、後継者がいないと回答した企業が、実に16万社、61・5%に上ったというのである。ざくり言って、10社のうち6社に後継者がいないことになる。

もう一つ、興味深いデータを示しておこう。

それは、アメリカ、インド、中国、タイ、そして日本の5か国の、「平均昇進年齢の比較」である（リクルートワークス研究所調べ）。

課長昇進年齢と部長昇進年齢を調査しているのだが、たとえば、成長著しいインドの平均課長昇進年齢は29・2歳であり、平均部長昇進年齢は29・8歳。0・6歳しか違わないのである。

一方、日本の平均課長昇進年齢は38・6歳であるのに対し、平均部長昇進年齢は44・0歳。5・4歳の開きがあるだけでなく、インド、中国、タイの3か国の平均部長昇進年齢と10歳も違う。日本人は「伸びている国々」と比べて、部長になるのが10年も遅いのである。

優秀な若者が意欲を失ってしまうのも、致し方ないことであろう。

図6　各国の平均昇進年齢比較

	課長昇進	部長昇進
アメリカ	34.6歳	37.2歳
インド	29.2歳	29.8歳
中国	28.5歳	29.8歳
タイ	30.0歳	32.0歳
日本	**38.6歳**	**44.0歳**

平均約 +10歳

出典：イマジナ　リクルートワークス研究所「Works No.128」5か国マネジャー調査データより作成

さて、暗澹たる日本の現状を見てきたが、これは、日本の社会全体が「身近な人を大切にしなくなった」ことの結果であると私は考えている。

私はこれまで、2700社にのぼる企業のブランディングのお手伝いをしてきたが、その根底にあるのは、人材を「人財」に高めていくことを通して、日本社会を「人を大切にする社会」にしていきたいという想いだ。

そのためイマジナは、次の3つを企業活動の指針として掲げている。

■**パーパス（実現したいこと）**／人材に投資することが当たり前になる社会をつくる――人が生み出す価値を、企業・組織の将来の価値創造につながる重要資産と位置づけ、人材投資によって資産価値が高まる時代をつくる。

■**ミッション（提供する価値）**／人材を活かす企業文化を定着させる――組織ごとに適切な人的投資戦略を打ち立て、人材の力を活かしたブランドイメージ創造を担う。

■**バリュー（価値を届ける方法）**／人材の力でブランドをつくる――経営者と働く社員のあるべきマインドセットに関わり、期待をもてる未来を描くことによって、インナーブランディングを軸に、いつの時代もゆるぎない企業文化を確立する。

これまで見てきたように、日本は人に投資をせず、人を大切にしてこなかった結果として、国際的な競争力を完全に失ってしまった状態にある。しかし、世界の国々は決してそうではないのだ。

私はパーパスに掲げたように、「人材投資によって資産価値が高まる時代」を創造していきたいと考えている。

人材投資を促進することによって、もう一度、この国の活力を取り戻したいと切実に思っているのである。

Chapter 1のポイント

- ブランドの価値を支えているのは、「社員」である。

- 会社を飛躍させる要因は「人」につきると理解する

- 「有形」ではなく、「無形」資産に目を向ける

- 社会の構造的変化に対応するため、「人」に投資をする。

- 企業は、人材投資によってこそ資産価値が高まる！

Chapter 2

「社員育成」を成功させる、経営者の法則

社員が辞めていく理由を的確に把握する

ブランディングは、「身近な人を大切にすること」と似ていると書いた。では、身近な人を大切にするためには何をすればいいのだろうか。それは、相手を知ることから始めるべきだろう。相手がどのような状況に置かれているのか、その状況の中で何を考えているのか。それがわからなければ、大切にしようがない。近年のサラリーパーソン、特に若い世代を取り囲む状況は、高度成長期のサラリーマンのそれとは、まったく異なっている。そして考えていることも、まるで違う。

理解するために、次の設問に答えてみてほしい。

Q:「ここ数年で会社を辞めた社員が抱えていた不満の原因を調査しました。入社3年目までに退社した社員と、入社3年以上たってから退職した社員では、答えが違います。次のA、Bそれぞれに当てはまると思う答えを、

後述の『選択肢』の中から選んでください」

■入社3年目までに退社した社員の回答

1位：B

2位：残業や拘束時間が長いこと

3位：仕事内容のミスマッチ

■入社3年以上たってから退職した社員の回答

1位：A

2位：残業や拘束時間が長いこと

3位：B

■選択肢

①待遇や福利厚生が悪い

②企業の方針や組織体制、社風などとのミスマッチ

③会社に将来性がない

④人間関係がよくない

⑤キャリアの成長が望めない

■Bに入る回答＝③「会社に将来性がない」（Aに入る回答は後述）

会社を辞めた理由で「将来性がない」ということに関しては、社歴の浅い社員の方が敏感であるという結果が出ている。

なぜ、若い社員の方が敏感なのかといえば、彼らはロボットやＡＩが人間の仕事を奪っていくという情報を、切実な危機感を持って受けとめているからではないだろうか。

世の中の変化がこれほど急激ではなかった時代ならば、自分が勤めている会社に将来性がないと感じても、給与やボーナスや福利厚生が他の会社に比べて多少劣るという程度のことは、それさえ我慢すれば済む話だったかもしれない。

しかし、ＡＩの出現によって職業をめぐる状況は一変してしまったのである。いくつもの職業が、「絶滅」に瀕しているのだ。

２０１４年９月、オックスフォード大学のマイケル・Ａ・オズボーン准教授（当時）らの研究グループが発表した『未来の雇用』という論文が、世界中を震撼させたことは記憶に新しい。

そして、世界の中で最も敏感にこの論文に反応して、オズボーン准教授らに最も多くの取材を申し込んだのは、ほかならぬ日本のメディアだったといわれている。

オズボーン准教授らは『未来の雇用』の中で、現在、人間によって行われている仕事のうち、どのような職種がＡＩによって代替されていくか（オズボーン准教授は「コンピュータ化」という言葉を使っている）を予測しており、巻末の付録では米国労働省が７０２に分類している職業のそれぞれが、将来なくなってしまう確率まで計算している。

自動車の組み立て作業のような比較的単純な反復作業がロボットに代替されやすいことは想像がつくし、すでに、はるか昔からそれは現実のものになっているわけだが、オズボーン准教授らによれば、「ルーティン化できる仕事は、すべてコンピュータ化が可能」だという。そして、「ルーティン化できる仕事」には、なんとタクシーやトラックの運転手、テレマーケッター、電話のオペレーターなども含まれるというのである。

自動車の自動運転技術が急速に進化していることを考えれば、将来、「自動車の運転」という行為自体が不要になることは想像できなくもないが、オズボーン准教授らはさらに、弁護士の助手（パラリーガル）や会計士、金融コンサルタント、臨床検査技師といった、いまのところ人間でなくては絶対にできないと考えられている仕事さえ、近い将来、コンピュータが代替することになるだろうと指摘しているのである。

果たしてこれは、荒唐無稽な話だろうか？

少し私の実感をお話してみたい。かつて銀行の支店長といえば、社会的にかなりプレステージの高い存在であった。

融資の決裁には、豊富な経験と高度な判断力が必要とされていたからである。ところが、現代の銀行の支店長には、そうしたスキルがゼロとは言わないまでも、それほど求められなくなってきているのだ。融資案件の詳細なデータを本部のコンピュータに入力すると、わずか数分のうちにコンピュータが融資の是非を判断してくれるのである。

支店長はその判断に従うだけで、自分の裁量で判断するということがなくなりつつあるのだ。

まさに、われわれが想像もしていなかった「高度な判断力を求められる仕事のコンピュータ化」が、すでに現実のものとなっているのだ。


また私は、以前から薬剤師という仕事は、早晩この世からなくなるだろうと思っていた。

なにしろ、処方箋という立派な「データ」があるのだ。

しかも、現代の処方箋の出力はほぼ１００％コンピュータ化されているわけだから、そのデータを基に、ロボットが薬をピッキングして患者に渡すことなど簡単なはずである。

もちろん、安全性確保のために最終的な確認をする薬剤師は必要かもしれないが、錠剤のピッキングや調剤といった作業は、機械が最も得意とする分野だと思うし、むしろ、コンピュータに任せた方がヒューマンエラーも減るのではないだろうか。

ちなみに、図7に掲げているのは、『未来の雇用』の中で「10年後にはなくなっている可能性の高い仕事」として名前のあがっている職種の一部である。

これ以外にも、10年後になくなっていると予想されている仕事はたくさんあり、米国労働省が分類している702の仕事のうち、実に47%が10年後には機械に代替されている可能性が高いという。

要するに、他者の指示に従って作業をするだけの仕事のほとんどは、早晩、この世からなくなってしまうと考えた方がよいのだ。

オズボーン准教授らの予測によれば、今後も生き残っていくのは、デザイナーや建築家などに代表される、オリジナリティーやクリエイティビティーを要求される仕事だけ、なのである。

図7　あと10年でなくなる可能性が高い仕事

- 銀行の融資担当者
- スポーツの審判
- 不動産ブローカー
- レストランの案内係
- 保険の審査担当者
- 電話オペレーター
- 電話セールス員
- 給与・福利厚生担当者
- レジ係
- ネイリスト
- パラリーガル・弁護士助手
- ホテルの受付係
- データ入力作業員
- 苦情の処理・調査担当者
- 簿記、会計、監査の事務員
- カメラ、撮影機器の修理工
- 金融機関のクレジットアナリスト
- 測量技術者、地図作成技術者
- 建設機器のオペレーター
- 塗装工、壁紙張り職人　など

出典：イマジナ　オックスフォード大学研究グループ（マイケル・A・オズボーン准教授ら）の研究論文『未来の雇用』およびラリー・ペイジ氏（Googleの共同創業者・元最高経営責任者の意見）から作成

若手社員の意欲を引き出す方法とは、何か？

さて、こうした情報を日々目にしている若い社員が「会社の将来性」に対して強い関心を寄せることは、当然といえば当然のことだと私は思う。

なにしろ入社した会社で一生懸命に取り組んでいる仕事が、近い将来、丸ごと機械に代替されてしまうかもしれないのだ。

もしもそれが真実だとしたら、どの会社でどんな仕事をするかは、その仕事が好きだとか、やりがいがあるとかないとかいった次元を越えて、ダイレクトに死活問題となってしまうのである。

では、「会社の将来」について極めて敏感になっている若い社員の会社に対するロイヤルティーを育て、彼らの意欲を高めていくために、経営者はいったい何をすればよいのだろうか？

それは、「未来プロジェクト」の推進である。

これは、簡単に言えば、自社の未来像を自由に想像して、最終的にそれを「ビジョンマップ」という一枚のイラストに落とし込むという作業だ。

文章ではなく絵に描くというと、簡単なことのように考える人がいるかもしれないが、これは意外に難しいワークなのである。


売上高が数百億、数千億あるような大企業の課長、部長クラスでもレクチャーなしにできる人はほとんどいない。

なぜなら、日常的に自社の未来を考えて仕事をしている人は、管理職クラスでもめったにいないからだ。

言い換えれば、多くのサラリーパーソンが、今日の仕事、目の前の仕事をこなすことしか考えられていないということなのである。

では、実際に「未来プロジェクト」の例をお見せすることにしよう。

図8はガスパルという会社で行った未来プロジェクトで、社員たちが最終的に描き上げた「ビジョンマップ」である。

Aチーム

テーマ：ホームライフサポート

エネルギー管理と快適な生活のバランスにこだわり、平時有事を分け隔てないシームレスな環境管理をしながら、常に人々の暮らしの不安を取り除けるような地域づくりを目指しています。

パトロールをしながら町の情報を収集・発信している「猫型ロボット」を通じて、一人ひとりの暮らしを豊かにするとともに人と人とのコミュニケーションをフォローします。

図8　ガスパルが作成した「ビジョンマップ」

ガスパル

ガスパルは、大手のデベロッパーである大東建託が100%出資しているLPガスの供給事業者であり、他に都市ガス、太陽光発電などのエネルギー関連事業、コインランドリー事業などを展開する。

資本金１億2000万円、売上高約350億円、従業員数約1000人の企業。

出典：イマジナ

未来プロジェクトでは、まず、社員全員にアンケート用紙を配って、自社の未来像について自由に記述してもらう。

何を書いてもいいと伝えるのだが、ほとんどの社員が、驚くほど書けない。ある程度の内容のあることを書いている人がいるなと思うと、「かつて社長が言ったこと」を丸々トレースしている場合がほとんどなのである。

そこで、「もっと自由に発想していいのだ」ということをレクチャーして、自由な発想をするトレーニングを重ねていくと、明らかに社員のみなさんの意識が変わっていくのである。

最終的には、社員をいくつかのチームに分け、チームごとにテーマを設定してテーマに即した「未来図」を描いてもらう。

その段階になると、最初はまったく出てこなかった斬新なアイデアがいくつも登場してくるし、社員のみなさんの目がキラキラと輝いてくるのが、はっきりとわかるのである。

たとえば図8のビジョンマップを作成したチームの内、Aチームは、「ホームライフサポート」というテーマを深掘りしてガスパルの未来を考えていった。そのときにベースとなったのが、「保守」の考え方。ガス供給事業を行うガスパルが、サービスを提供するにあたり最も大切にしている、異常事態や有事を徹底して未然に防ぐというものである。自分たちが、いま大切にしている「保安」に対する想いやプライドを、未来では平時有事を問わずシームレスに快適に過ごせる環境づくり、地域づくりに生かすことで、新たな未来への提供価値を描き出している。

なかには「猫型ロボット」を開発して、地域の情報を収集し、発信するとともに、地域の人々のコミュニケーションをフォローするというのだからおもしろい。

猫が街の中を自由に移動していることに着目して「猫型ロボット」を思いついたアイデアだったが、とてもユニークな発想だと思う。

すでに「ペッパーくん」などというヒト型のコミュニケーションロボッ

トがさまざまな場面で活躍していることを考えると、ガスパルの猫型ロボットもあながち夢とは言えないのではないだろうか。

ガスパルが担う、ガス供給設備の保守・点検作業は非常に重要だが、日常で目に見えにくい仕事である。BtoBの業界だからこそ魅力を伝えるのが難しいという側面もある。しかし、未来プロジェクトによって、一つひとつの仕事がつくり出す未来を想像してもらうと、その作業が地域の安全・利便性向上につながる可能性や、地域のコミュニケーションを活性化させる可能性を秘めていることが見えてくる。未来を想像するポイントは、いまの仕事の「ワク」を越えて、ワクからはみ出して発想することにあると言ってもいいだろう。この、「ワクを越える」とは、ガスパルがブランディングを行う上で指針にしている言葉だ。「ワクを越えると、セカイは広がる。」、これが、イマジナが提案したコンセプトである。

大東建託の100%子会社であるガスパルは、大東建託グループというワクを越えて事業展開を構想することは、そもそも難しい会社であった。

しかし、未来プロジェクトによって水素などの新しいエネルギーの供給事業への挑戦も社員全員でイメージできるようになってきた（ビジョンマップの下の層に描かれている）。

大東建託が建てる建物のガス供給を担う会社という、これまでのイメージのワクを取り払って考えることによって、ガスパルは、自身が新たな価値を提供できる企業として、未来の大きな可能性を切り拓いたと言ってもいい。今後は、大東建託グループのワクを越えて活躍することによって、むしろグループに貢献していくという道も考えられるだろう。

ついでに言うと、今回、このビジョンマップをパズルにして、ガスパルの役員に完成させてもらうというワークも実施している。「たかが、パズル……」と侮るなかれ、パズルの完成には実に5時間もかかったのだ。

役員クラスにとっても、社員が発想した自社の未来像は思いがけないものだったのかもしれない。

次回はパズルではなく、レゴブロックにして、ビジョンマップを立体化してもらおうと画策しているのだが……。

さて、ここで先の「会社を辞めた理由」の設問に戻ってみよう。
入社3年目までの若い社員たちが離職する理由の第1位は、「会社に将来性がない」であった。

しかし、未来プロジェクトによって見えてきたのは、もしも「会社に未来がない」と考えているのだったら、彼ら自身に、未来を想像させてみればよい、ということなのである。

そして、常に未来を想像しながら日々の仕事に向き合うことを習慣化していけばいい。そうすれば、未来は創造することができるのだ。未来はあるのでもないのでもなく、つくることができるものなのだ。

未来プロジェクトのような取り組みを定期的に行うことによって、自社の未来を自分自身の手でつくっていこうという意識が社員に定着していく。

その結果、離職率は確実に、そして劇的に下がっていく。「未来は自分でつくるものだ」という発想が、会社のカルチャーとなっていくのである。

これは、インナーブランディングの構築において、極めて重要な要素であると言っていい。

未来を想像させることで、それを現実化する

もう一つ、カネテツ（正式な社名はカネテツデリカフーズ）という会社の「未来プロジェクト」についてご紹介しておきたい。

カネテツは「ほぼカニ」や「サラダスティック」など、カニ風味のかまぼこで有名な水産練製品・惣菜の製造・販売会社である。

カネテツはコロナ禍によって、例年以上の成長を遂げた企業の一つだ。外出自粛要請を受けて「家飲み」市場が拡大した結果、カネテツの練り製品は家飲みの際のツマミとして、飛ぶように売れたのだ。

工場の稼働率はマックスに達して、経営的に見れば「嬉しい悲鳴」を上げる状況には違いなかったが、従業員には大きな戸惑いがあった。

世の中が自粛ムードに支配されているなか、自分たちだけ出社をしてい

いのだろうか？　コロナ病床が限界まで埋まってしまい「命の選択」などという言葉がニュースで報道されているときに、自分たちだけ「好景気」に沸いてしまっていいのだろうか？

ひとことで言えば、後ろめたいという感情だったかもしれないが、カネテツの社員の多くは鬱屈した感情を抱えながら、膨大な仕事をこなさなければならないという事態に陥ってしまったわけだ。

イマジナはまさに、コロナ禍のさなかにカネテツで未来プロジェクトを実施したわけだが、その成果は、ガスパルのケースとはまた違った意味を持っていたと思う。

図9は、カネテツの社員たちがつくったビジョンマップである。

本社を含めて6つのチームで、カネテツの未来を想像するワークが行われているわけだが、ご覧のように、いずれのチームも楽しそうな未来のイメージを描いているのがわかると思う。

このビジョンマップから伝わってくるのは、「止まない雨はないんだ、みんなで未来をつくっていこう」という、社員たちの熱い想いなのである。

私は常々、企業の経営者に向けて「人は想像したものしか形にできない」と伝えている。だからこそ、未来の会社の姿を想像し、ビジョンマップのように可視化する作業は重要なのだ。想像してそれを可視化すると、やがて想像が現実のものになっていく。

同時に、こうした作業は「未来への期待値」を高めるものでもある。こんな未来をつくれるのだとビジュアルで見せることによって、楽しい未来、やりがいのある未来、素晴らしい未来が待っているという「期待」が高まっていく。

ニワトリと卵の関係のようなものだが、未来を想像するからこそ期待が高まり、期待を持って仕事に取り組むからこそ、想像は現実のものになっていくのである。

「社員育成」を成功させる、経営者の法則

Chapter 2

図9　カネテツが作成した「ビジョンマップ」

おいしさ、ココロとカラダに。
カネテツ

カネテツは、「ほぼカニ」や「サラダスティック」など、カニ風味のかまぼこで有名な水産練製品・惣菜の製造・販売会社。売上高は110億で、社員数は399人。

出典：イマジナ

経営者が最前線に立ち、人材を探し出していく

未来プロジェクトの取り組みは、角度を変えてみれば、「未来への投資」ともいえる。子育てをしている方なら実感していると思うが、親が子どもの未来に投資するのはごく自然なことである。わが子にピアノや水泳や英会話を習わせるのはごく当たり前のことであり、では、それを何のためにやっているのかと尋ねられたら、「いまを楽しんでもらうため」と答える親は少ないだろう。

多くの親が、「子どもの未来のため」と答えるに違いない。

私は、わが子に対するのと同じことを、社員にもするべきだと考えている。社員の未来に投資をするのである。

未来プロジェクトは、まさに未来への投資であり、こうした投資をしっかりと行うことによって会社の未来は拓けていく。それは、子ども時代に

親からたくさんの経験を与えられた子どもが、大人になって大輪の花を咲かせるのと同じことなのだ。

再び、前述した「退職を選んだ社員が抱えていた不満の原因は、いったい何でしょうか？」という設問に戻ろう。

Bの答えは「会社に将来性がない」だったから、最初の設問に穴埋めをすれば、以下のようになる。

■**入社3年目までに退社した社員の回答**

1位：会社に将来性がない
2位：残業や拘束時間が長いこと
3位：仕事内容のミスマッチ

■**入社3年以上たってから退職した社員の回答**

1位：A
2位：残業や拘束時間が長いこと
3位：会社に将来性がない

■選択肢

①待遇や福利厚生が悪い
②企業の方針や組織体制、社風などとのミスマッチ
③人間関係がよくない
④キャリアの成長が望めない

残った4つの選択肢のうちAに入るのは何かというと、④「キャリアの成長が望めない」であった。

この結果は、いったい何を意味しているだろうか。

私がまず思うのは入社3年目の若手社員が、「うちの会社じゃあ、キャリアの成長が望めない」とつぶやくとき、それはおそらく、社長を見て言っている言葉ではないということだ。

新入社員として入社して2、3年の間、身近に接してきた先輩たちの働きぶりを見続けてきて、そう思うのではないだろうか。

「この人、入社して3年以上たっているのに、こんな仕事しかできないのか」と先輩社員を見て思うとき、若手社員の脳裏に「転職」という言葉が浮かぶのだろう。

そういう意味で、新入社員にとって身近な存在である先輩社員は、会社にとって極めて重要なのだ。

彼らは、採用のときに人事担当者が言っていた言葉が本当かどうかの「エビデンス」であり、自分のキャリア形成の「先行事例」なのである。

先輩社員の多くが、「こんな程度でいいだろう」という姿勢で仕事に接していれば、彼らの後輩となる若手社員たちは、キャリアの形成など望めないと諦めるだろう。

反対に先輩社員たちが、「もっとできることはないか」「この部分にはちゃんと注力して、もっと価値を生み出せる仕事をしていこう」といった姿勢を持っていれば、後輩社員たちは彼らをロールモデルとして、その会社でキャリアを積んでいくことに前向きになれるのだ。

では、こうした「流れ」を左右するものは、いったいなんだろうか。
それは、経営者が採用と社員教育にどれだけ携わっているかだと私は思う。

まずは採用についてだが、採用の現場でデジタル化が急速に進んでいることは周知の事実だろう。就活生はリクナビやマイナビで会社情報を見ては、気になる会社にエントリーシートを送信するというだけでなく、あらゆるサイトに登録して、なかにはスカウトを待っている学生も多数いるのだ。実に応募は手軽になったものだが、企業側は媒体も増え、採用はより困難を極めているのである。

リクナビやマイナビに採用情報をポンと貼っただけでは、相当に知名度のある会社でない限り、意欲のある学生はまずやってこない。
玉石混交状態の中から、「これは！」という人材を探し出そうと思ったら、「人事にお任せ」「採用担当にお任せ」では絶対にダメなのだ。経営者自らが陣頭指揮を執り――会社の規模にもよるが――できれば経営者自らが足を運び、自社の魅力を伝えて学生をスカウトすることが必要である。

手前味噌になるが、私の会社にはどこで社名を聞きつけたのか、毎年、何千人という学生がエントリーしてくるが、私は、人事担当者が絞り込みをする前の母集団の段階から、極力、採用活動にかかわるようにしている。

それだけでなく、大学で開催される企業説明会にもすべて参加するし、採用には直接関係がなくても、学生向けのイベントなどには手弁当で駆けつけるようにしている。

それは、ひとえにいい人材を採用したいからなのだ。

特に、イマジナのようなコンサルタント業にはクリエイティブな仕事が多いから、自分の頭でものごとを考える習慣のない学生はダメなのだ。

その習慣の有無は、はっきり言って、当節流行の採用アプリなどでは絶対にわからない。面と向かって対話を重ね、さらにインターンの様子を観察したりしなければ、わかるわけがないのだ。

いい人材の採用には、手間暇がかかるのである。


地方の企業の経営者に会うと、よく「地元の国立大学の学生さえ受けにきてくれない」などという話を聞くことが多い。その話を聞いたときに私はある質問をすべての経営者にしている。

「あなたはいったい、採用にどれほどの情熱と労力をかけたのですか？」

ということだ。

そして実際、ほとんどの経営者からは、大手採用会社の媒体やＩＴ任せ、採用担当者任せといった答えが返ってくるのである。


黙っていてもたくさんの優秀な学生がエントリーシートを送ってくる大企業ならばいざ知らず、中堅企業の経営者は、可能な限り採用の現場――就職セミナーや合同説明会、大学での就活イベントなど――に顔を出すべきだと私は思う。

なぜなら、「探さなければ優秀な人材は見つからない」からだ。

私の実感としては、確率論的に言えば、やはり優秀な人材は一流大学の卒業生に多い。しかし、これはあくまでも確率の話なのだ。たとえ一流大学の卒業生でなくても、優秀な人材は探せばいる。

特に私が重視するのは、「課題を見つける力」「その課題を自力で乗り越える力」、そして、「物事の本質を紐解いていく力」を持った人材である。潜在的にこうした力を持っている人材は、うまく育てれば大きく成長していく可能性がある。しかし残念なことに、「一流大学以外の出身者」という枠の中に埋没してしまいがちなのである。

こうした可能性を秘めた原石のような人材は、何度も言うが、こちらから積極的に探さなければ見つからない。そのためには、ＩＴ任せ、採用担当者任せにするのではなく、経営者自らが採用の最前線に出動していって、自らの目で人材を探し出し、スカウトすることが必要なのである。

自身が、「人」を残すために存在すると意識する

そして、せっかく採用した人材を「育てる」ということも、重要でありながら、蔑ろにされがちなことだ。

もちろん、研修プログラムや教育プログラムを実施して、それなりの成果を出している企業もあるにはあると思う。しかし、私が見てきた実感値としては、社外の研修専門業者などに丸投げしている企業の方が多いように思われる。果たして「そんなやり方で、本当に人が育つのか？」と、私は声を大にして問いたいのである。

たとえば、子育てを考えてみると、もちろん塾や習い事をさせるという選択肢はありだと思う。

しかし、「人を育てる」ことの根幹は、そうした外部へのアウトソーシン

グだけで達成できることではないはずだ。

日々の濃密な関係の中で、自身が持っているスキル、知識、経験を血の通った言葉で繰り返し伝えていくことこそ、人を育てる道になっていくのではないのだろうか。


やはりここでも、経営者の存在が大きいと私は思う。

経営者が社員教育のフロントラインに立って、どれだけ社員に目をかけ、手をかけるかによって、教育の質は格段に変わってしまう。

そして、社員教育のあり方が、若手社員にとって、まさに「キャリアの成長」が望めるか、望めないかの分かれ道になるのだ。

経営者が陣頭指揮を執って、社員の教育に熱心に取り組んでいる会社ならば、当然、「キャリアの成長が望める」はずである。

そして、キャリアの成長が望める会社からは、社員が離れていくことはないだろう。

ただし、経営者が覚悟すべきなのは、人を育てるには膨大なエネルギーが必要だということだ。

高校野球やサッカーの強豪校を見ればわかることだが、監督もコーチもそれこそ朝から晩まで生徒と向き合っている。「放課後の2時間だけ練習しておけばいい」というような監督が指導している学校が強くなることは、絶対にないのである。

経営者が、人材育成をライフワークのひとつと考えて、社員一人ひとりと丁寧に向き合って育てていかなければ、いい人材が育つことなどあり得ないのである。

私は、経営者の仕事とは何かと尋ねられたら——もちろん経営者がやるべき仕事は山ほどあるのだが——究極的には「優れた人材を会社に残す」ことだと考えている。

明治から昭和初期にかけて、日本の近代化に大きな足跡を残した政治家であり官僚でもあった後藤新平（台湾総督府民政長官、初代満鉄総裁）は、こんな言葉を残している。

金を残して死ぬのは下だ。
事業を残して死ぬのは中だ。
人を残して死ぬのは上だ。

まさに、わが意を得たり。
後藤新平は「一に人、二に人、三に人」が口癖だったという。

私が重視しているインナーブランディングの根幹も、社員一人ひとりが日々、成長を実感できる仕組みをつくることにある。

経営者は、人を残すために存在しているのだ。

Chapter 2のポイント

- 自社への誇りを醸成するため、
社員自身に会社の「将来性」を
想像させるようにする。

- 「未来プロジェクト」の推進で
社員の意欲を引き出す。

- 自社の未来に対する自由な発想を促す
トレーニングで社員の意識を変えていく。

- 未来のために、経営者自らが
求職者に本気で向き合っていく。

- 「経営者は、人を残すために存在する」
と理解する。

Chapter 3

成長への、インナーブランディングとは？

企業のブランドをつくり上げるのは、「社員」と知る

このChapterでは、インナーブランディングとは何かについて、詳しく説明していきたいと思う。

まずは、ブランディングという言葉についてだが、みなさんはこの言葉、どのように解釈しているだろうか？

私の経験では、「われわれは、こうした（優れた）会社であり、こうした（優れた）商品・サービスをつくっている」と、外部に伝えていくことをブランディングだと勘違いしている経営者がとても多い。

これは、広告宣伝でありマーケティング戦略の一部であるかもしれないが、決してブランディングではない。

では、ブランディングとはいったい何か？

私は、以下のように定義している。

「ブランディングとは、相手に自分のイメージを持ってもらうための努力であり、その成否は、相手にどれだけ『よい想像』を持ってもらえたかによって決まる」

つまり、ブランディングと広告宣伝が決定的に違うのは、広告宣伝が「私はステキだ」と自分で言う行為だとすれば、ブランディングの目的は「あなたはステキだ」と言ってもらうことにあるのだ。

したがって、ブランディングの最も重要なポイントは、**自ら言うのではなく、相手に言ってもらう――**ことにあるのだ。

私がアウターブランディングとインナーブランディングのうち、口を酸っぱくしてインナーブランディングの重要性を説いているのは、まさに、ブランディングが「相手に言ってもらうための努力」だからに他ならない。

そして、インナーブランディングの主役は誰かと言えば、それは「社員」なのだ。広告宣伝に大金をかけて外側を飾ることは簡単にできるが、それでは「自ら言っている」だけだ。

「相手に言ってもらう」ためには、社員自らがブランドを体現していることと、内側から輝くことが必要なのである。

図10は「企業のブランドイメージを上げるものは何か」について、さまざまな角度から行われた調査の結果を総括したものである。

一般的に企業イメージとは、企業のトップがつくり出すものだと考えられている。もちろん、カリスマ経営者が存在する一部の会社に関してはそうかもしれないが、実際はこの調査結果が示しているように、CEOよりも一般の社員の方が、ブランドイメージの生成に寄与する度合いがはるかに高いのである。

ブランディングとは「相手に言ってもらう」ための努力である。そして、「言ってもらう」のは経営者でも役員でもなく、あくまでも社員なのだ。そこを理解しておかないと、ブランディングの本質を掴み、組織の末端にまで浸透させていくことはできない。

図10　企業のブランドイメージを上げるものは？

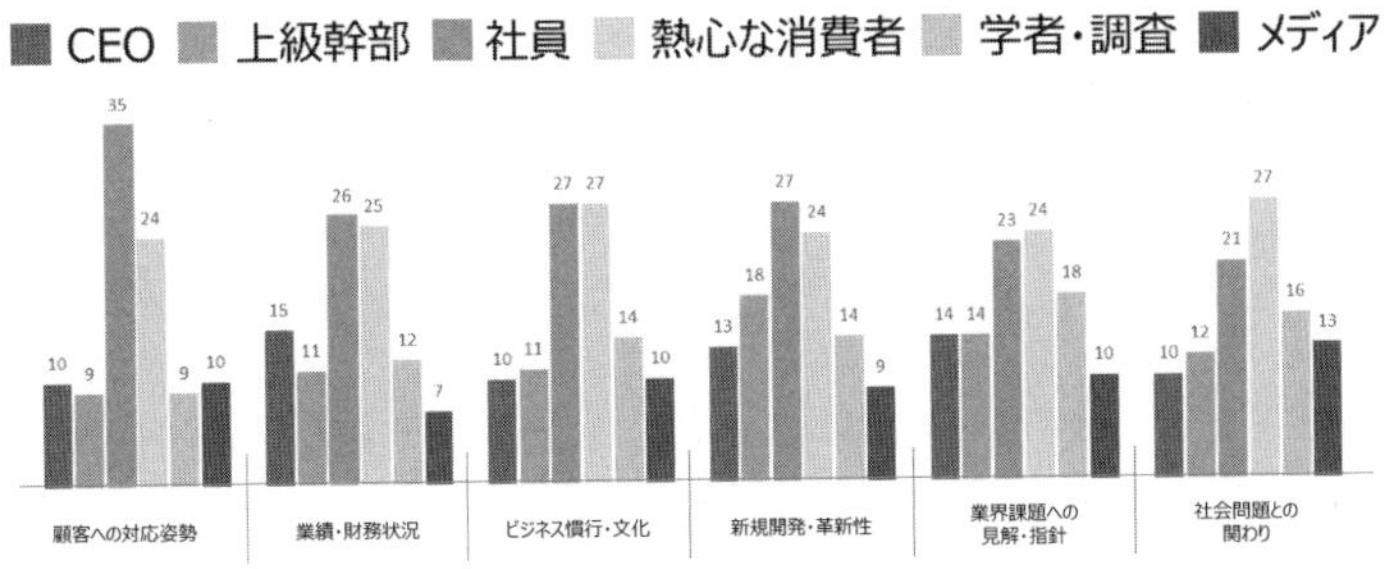

出典：イマジナ　source:2017 Edelman Trust Barometerをベースに作成

日本語は世界的に見ても難しい言語のうちの一つである。

難しさの中身はいろいろだが、私は日本語の持っている「含み」に日本語の難しさも特色も凝縮されていると考えている。含みとは、「言葉の表面には表れていないけれど、全体として相手に伝えたいこと」とでも言えばいいだろうか。


たとえば、「その提案、もちろん僕はいいと思っているんだけれど、果たして部長が、なんて言うかはわからないね」というような表現だ。

「僕」は「いい」と言っているのだが、「部長」がなんと言うかは「わからない」と、「僕」が言っている。

おそらくこの文を読んだ人は、「僕」も「その提案」のことを、それほどいいとは考えていないのだと感じることだろう。

しかし、そんなことはこの文のどこにも書いていないのだ。まさに「含み」のある言い方であり、日本人はこうした「含み」のある表現が得意だし、それを読み取る能力も高い。

こうした特徴を持った言語を母語とする日本において、私が常々大きな間違いを犯していると感じるのは、企業が掲げている標語である。

「誠実」
「努力」
「熱意」

企業が掲げているこんな理念を、よく目にする機会があると思う。理念の文字数を減らして、単純な表現にすることによって、「わかりやすさ」を目指しているのだろう。

そこには、わかりやすければ社員に浸透しやすいに違いないという、経営者の考え方が透けて見えている。

もちろん、こうした標語を掲げることが、まったく無意味だと言うつもりはない。簡潔な表現にすることによって、社員が理解しやすくなるというのも事実だろう。しかし、こうした簡潔な標語は、ブランドの構築という観点から見ると、極めて不十分なものでしかないのだ。その言葉を標語として掲げる理由、その背景、さらに歴史までを紐解いて伝えていかなければ、標語を掲げる真意は伝わらない。

こうした標語には、いわば「含み」がないのだ。これでは、本当の理解にはつながらないのである。別の言い方をすると、含みのある表現の多い日本語は、カルチャーと非常に相性がいい。

企業文化という言葉があるが、日本語は内向きにも外向きにも、文化コミュニケーションを取るのに向いている。余計なものをそぎ落とした骨のような標語でシャープに伝えようとするよりも、含みのある言葉で「全体感」を伝える方が日本語には向いているのだ。

そして、ある企業に対して外部の人が「全体的に感じること」こそ、その企業のブランドに他ならないのだ。

裏返して言えば、ブランドとは数行の箇条書きで表現できるようなものではないのである。

3つのポイントで、ブランドの「設計図」を描く

では、全体感はいったいどのようにすれば伝わるのだろうか。

私は、全体感を伝えるために重要なのは、まずは、ブランドの「設計図」を描くことだと考えている。

ブランドの設計図は、その企業が、なぜ、いまこうなっているのかという背景を紐解き、さらに、以前はどうだったのかと歴史を紐解き、これからどうなるのかと未来を紐解いていって、企業の全体像を描き出すことによって完成する。いわば、企業の現在、過去、未来について深く掘り下げることによって、企業のブランドを明確化するのである。

その設計図を見ることによって、内部の人は自社が何を重要視し、どこを目指しているのかが理解しやすくなり、外部の人は「こういうことを大事にしている会社なんだ」と感じ取ることができるのである。

図11は、ブランドの設計図「ヒアリングシート」のひな型である。いま、この本をお読みになっている経営者にはぜひ一度自社について考え、埋めてみてほしい。私はこうしたひな型をベースにして、クライアントの経営者や社員にヒアリングを重ねていく。

ただ、その際に最も重要なポイントは「外部環境」「内部環境」「事業分析」の各項目について、①「どんな目的のために何をやってきて」、②「その結果、現在どのようなことが起こり」、③「それが将来、何につながっていくのか」という3点をしっかりと押さえることになる。

こうした流れ、ストーリーは、私たちがコンサルティング会社としてクライアントと向き合うときに、漠然とインタビューをしているだけでは導き出せるものではなく、それこそ、インタビュアーの能力が問われる作業ともなっている。

インタビュアーが未熟だと、会議の議事録のようにつながりが明確ではない言葉の塊ができ上がるだけで、その言葉の意味するところや、意義が相手に明確に伝わるものにはならないのだ。

図11　ブランド設計図のひな型

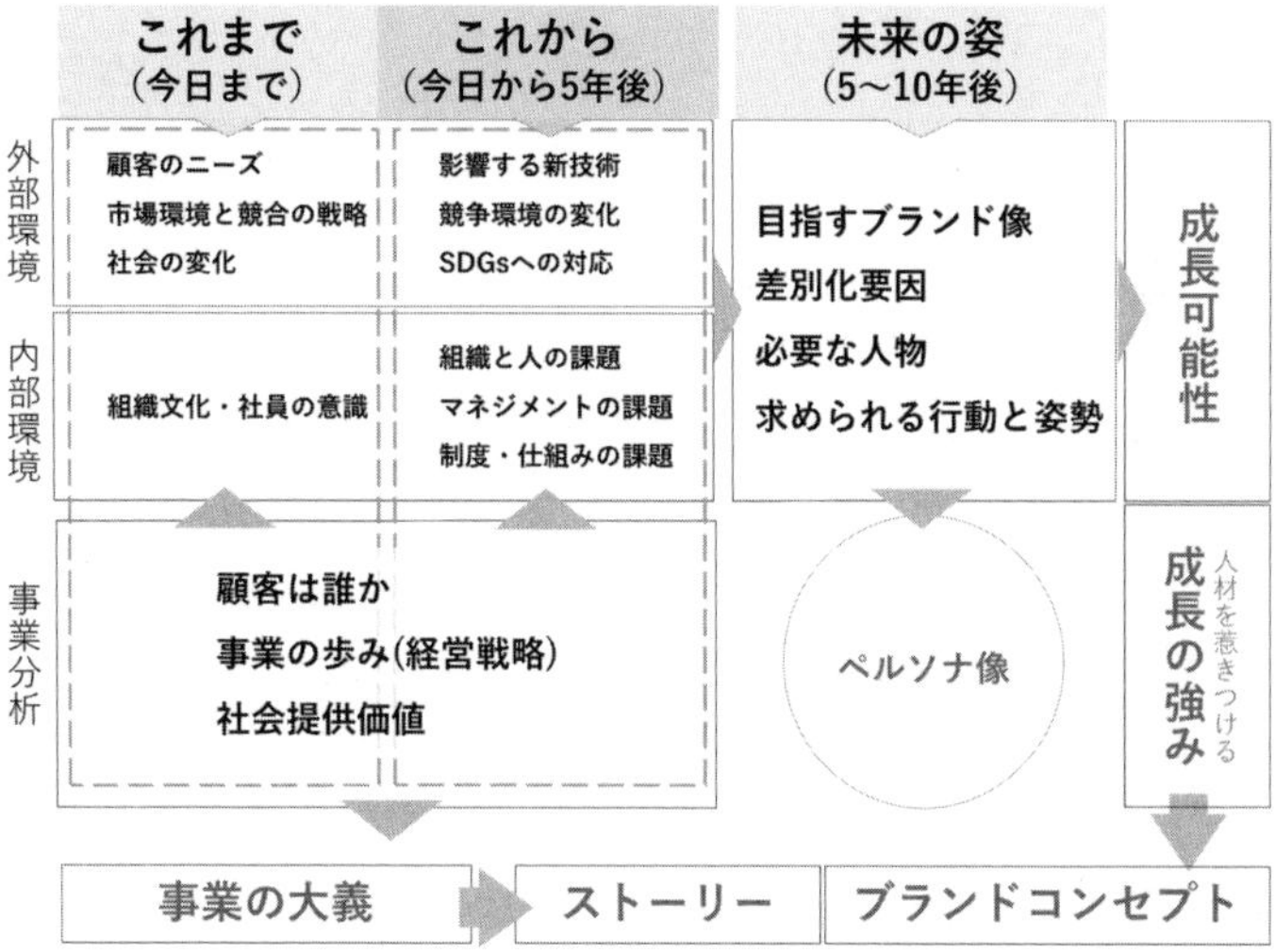

出典：イマジナ

「ストーリー」を明確にして、独自性を押し出す

ブランドの設計図を描くときは、過去、現在、未来の流れと、そのつながり方（ストーリー）を明確にすることが重要である。

同時に、その企業の「独自性」「ブレることのない根幹」は何かを意識することが大切だ。なぜならば、企業が独自性を失うと、たちまち事業が崩壊してしまうからである。

企業は、その核心に何らかの強さ、他社には真似のできない何か、他社より優越している何かがあるからこそ、成長し、継続していく。

どんな企業であっても存続している以上は、必ず「独自性」を持っているはずである。

先ほど言った「どんな目的のために何をやってきて」「その結果、現在どのようなことが起こり」「それが将来、何につながっていくのか」という3

点を把握する際にも、独自性に着目しながら紐解いていくことを絶対に忘れてはいけないのである。

なぜ私が独自性という部分に注目するのかといえば、先ほども述べた通り、独自性の定義があいまいになってしまうと、たちまち事業の崩壊が起こってしまうからだ。

たとえば、某焼肉チェーンA社のことを考えてみよう。

A社は、そもそも三軒茶屋にあった一軒の焼肉屋からスタートしている。いまや、国内最大の焼肉チェーンに成長したわけだが、私の目には、いまのA社は独自性を見失って迷走しているように見えるのだ。

では、そもそもA社の独自性とは何だっただろうか？

A社と聞いて誰もが思い浮かべるのが、昔ながらの油と煙にまみれた猥雑な雰囲気の「焼肉屋」とは一線を画す、清潔で、しかもムーディーな店舗である。

なかにはジャズを流していた店もあったと記憶するが、そうした小洒落た店内で、焼肉を3000円前後で腹いっぱい食べられるというのが、A社の独自性だったのだ。

こうした明確な独自性があったからこそ、競合がひしめく外食産業の中で、A社は順調に店舗を増やすことに成功してきたのである。

A社が三軒茶屋で創業した当初は、会計時に300円を割り引く代わりに、客にクレームを言ってもらうという独特のサービスを行って、次々に業務の改善を行っていったというから、社員たちはかつてない新しい焼肉屋をつくることに燃えていたに違いない。

だからこその急成長だったと思うのだが、近年のA社には往時の勢いがないように見える。

店舗の雰囲気にもバラつきがあって、ブランドコンセプトが揺らいでいることが外部ににじみ出てしまっているのだ。

原因はさまざまあると思う。もちろんコロナ禍の影響もあるだろう。

しかし、私のようにインナーブランディングを重視するコンサルタントの目から見ると、明らかに社員の「作業員化」が進んでしまっているように思えてならないのだ。

創業当初の、新しい焼肉屋の創造に燃えていた時代から、その新しいコンセプトを日本中に広め、世界にも広めようという拡大の時代を経て、それがある程度達成されてしまった現在、A社の社員たちは自社の独自性を見失って、ルーティンの業務をこなすだけの作業員になってしまっているのではないか。

A社を創業した企業体は、2012年に大手企業グループの傘下に入ってしまっている。

創業時、強烈に持っていた独自性が失われた結果、現在のA社は、「自分たちは客のために何を提供する会社であるか」を定義できていないと感じる。

それを再認識するためには、「われわれはどこから来て、いまどこにいて、これからどこに行こうとしているのか」を再定義する必要があるのではないだろうか。

ちなみに同じ外食産業の中でも、コロナ禍に見舞われたことでむしろ、独自性を再認識させられた企業も多いのではないかと私は思う。

たとえば、揚げ物専門のチェーン店である。

揚げ物は揚げたてがおいしいことは誰もが知っていることだが、この手の揚げ物専門のチェーン店は、コロナ禍によってテイクアウト需要が増えたことで、揚げたてをお客さんに提供することが難しくなってしまった。

その結果、何が起こったか?

素材の質が、ダイレクトに客に伝わるようになってしまったのだ。その素材の質にはあえて言及しないが、自分たちの独自性は、何はなくとも「揚げたて」を提供することにあったのだということを痛感しているのではないか。

その地点から、「では、自分たちらしい努力とは何なのか」「もっと工夫できることはないのか」と探究していくことはムダではない。

そして、そうした作業を行っていく上でも、ベースになるのは自分たちの独自性なのだ。独自性に立った上での新しい展開でなければ、ブランドイメージは一層薄れてしまうことになる。

ついでに言っておくと、独自性を見失った企業はほぼ間違いなく、数字に走ることになる。特に最近は、「アメーバ経営」を取り入れ、数字ばかりを追い求めた結果、独自性を見失ってしまったという企業が多い。

エアバッグの試験データを改ざんしたタカタ、エンジンの排出ガスと燃費のデータを偽っていたトラックの日野自動車、建築用免震ゴムのデータを改ざんしていた東洋ゴム工業（現トーヨータイヤ）などは、数字や納期を追いかけた結果、絶対にやってはいけない不正に手を染めてしまった。

こうした、企業ブランドの根幹にかかわる部分での不正は、取り返しのつかない結果を招いてしまう。

タカタは経営破綻して、別の会社が事業を継承している。

日野自動車はいまだに90％以上の車種で出荷停止の状態が続いており、存続が危ぶまれる状況にある。

東洋ゴム工業は業績の悪化によってタイヤ事業以外を売却して、トーヨータイヤに社名を変更した。

いずれも、人の命にかかわるような不正の事例であり、ブランドイメージの毀損は計り知れないものがある。

もしも、数字に追われようと納期に追われようと「安全性」だけは死守するという企業文化が末端まで浸透していたら、こうした事態にはならなかったはずである。

逆に言えば、経営者がいくら高邁な企業文化を唱えたところで、たったひとりの社員が不正を働いてしまえば、長年にわたって築いてきたブランド価値が一瞬で崩れ去ってしまうのだ。

企業文化を組織の末端までに浸透させること

こうした事例は、企業文化を組織の末端まで「浸透」させることの重要性を認識させてくれるだろう。私はブランドの設計図を描くだけでなく、その浸透を図るための社員教育も重視しているが、正直なところ、簡単に、あるいは急激に浸透させる方法など存在しない。愚直に、絶え間なく浸透させる努力をするしかないのである。

イマジナがコンサルティングに入る場合は、ブランドコンセプトづくりのお手伝いをした後、それが社員に浸透しているかを理解・共感具合と360度の視点でチェックする。そして、ペーパーや面接による「浸透度調査」によって数年ごとに診断し、その結果に基づいて浸透のための次なる一手を、経営者と一緒に考えながら実施していく。

なかにはブランドコンセプトさえつくってしまえば、それで会社が変わったように考えてしまう経営者もいるが、そんなことはない。浸透させて初めて、ブランドコンセプトは力を発揮するのである。

そして、会社の隅々までブランドコンセプトを浸透させるには、数年の歳月を必要とする場合もあるのだ。

しかも、ブランドコンセプトを体現するのは、決して社員の考え方や言動だけではないのだ。社内の仕組みや制度がブランドコンセプトに即したものに変わっていかなければ、それが生きることにならない。

ジョンソン&ジョンソンというグローバル企業がある。

ジョンソン&ジョンソンは1886年に米国で創業した製薬・医療機器等のヘルスケア商品を製造、販売する巨大企業だが、「クレド（正式にはOur Credo=我が信条）」と呼ばれるブランドコンセプトの核となる言葉を定めている。しかも、そのクレドを実に49か国語に翻訳して、世界中に散らばる現地法人の末端の社員にまで浸透させており、もちろん、クレドの浸透度を測るサーベイ（調査）も定期的に行っている。

参考のために、ジョンソン&ジョンソンのHPにも掲載されているクレドの一部を紹介してみよう。

我々の第一の責任は、我々の製品およびサービスを使用してくれる患者、医師、看護師、そして母親、父親をはじめとする、すべての顧客に対するものであると確信する。顧客一人ひとりのニーズに応えるにあたり、我々の行なうすべての活動は質的に高い水準のものでなければならない。

我々は価値を提供し、製品原価を引き下げ、適正な価格を維持するよう常に努力をしなければならない。顧客からの注文には、迅速、かつ正確に応えなければならない。我々のビジネスパートナーには、適正な利益をあげる機会を提供しなければならない。

クレドはこの「我々の第一の責任」に始まって「我々の第四の責任」まであるのだが、各項目で我々の責任が「何(あるいは、誰)に対するどのような責任」なのかを明確にしている。
「我々の第三の責任」には、次のようなことが書かれている。

我々の第三の責任は、我々が生活し、働いている地域社会、更には全世界の共同社会に対するものである。世界中のより多くの場所で、ヘルスケアを身近で充実したものにし、人々がより健康でいられるよう支援しなければならない。

我々は良き市民として、有益な社会事業および福祉に貢献し、健康の増進、教育の改善に寄与し、適切な租税を負担しなければならない。我々が使用する施設を常に良好な状態に保ち、環境と資源の保護に努めなければならない。

ご覧のように、「我々の責任」が地域社会や全世界に対して生じるものであることを明記しているわけだが、このクレドの「浸透度」が問われる有名な事件が、1982年に起きている。「タイレノール事件」である。

「タイレノール」は当時も現在も、ジョンソン&ジョンソンの代表的な医薬品であり鎮痛剤の定番商品でもあるが、1982年9月29日、米国のシカゴ周辺で、このタイレノールを服用した人が次々と突然死するという事件が発生したのである。

最初にタイレノールのカプセルを服用した12歳の少女が亡くなると、その後、次々と被害者が増えていき、合計で7人もの命が失われることになってしまった。原因は、カプセルの中に混入されたシアン化合物であることが判明したが、ジョンソン&ジョンソンが取った対応は、犯人探しでも責任逃れでもなかったのだ。

まずは、テレビ、新聞、衛星放送などあらゆるマス媒体を駆使して、タイレノールに毒物が混入される事件が起きたことを告知し、絶対に服用しないように注意喚起を行うと同時に、タイレノールの自主回収を全米で開始したのである。また、記者会見でも責任逃れは一切口にせず、製薬会社にとっては死活問題ともいえる生産ラインまで公開して、事件の捜査に協力することを表明した。

テレビで放送した注意喚起のＣＭだけで12万５０００回に上り、これは、全米の85％の世帯が２・５回視聴できる回数だったといわれている。

こうした間髪を入れない、しかも誠実極まりない対応によってそれ以上の被害者を出すことはなかったが、自主回収等によってジョンソン＆ジョンソンが被った被害総額は当時の金額で1億ドルを超え、倒産の危機すら囁かれる状況に陥ってしまったのである。

しかし、信頼回復のために取った対策がまた、すさまじかった。

ジョンソン＆ジョンソンは事件発生直後に、異物混入を防ぐ3層構造のカプセルを開発すると、実に通算で１００万回にもおよぶセミナーを開催して、消費者や医療関係者に対してカプセルの安全性に関する徹底した説明を行ったのである。

その結果、内部犯行説があったにもかかわらず、事件発生からわずか2カ月で、ジョンソン＆ジョンソンは事件前の80％まで売り上げを回復させることに成功したのだった。

これは、世界中で「奇跡の回復」とも「リスク管理のお手本」とも呼ばれる事例なのだが、ではなぜジョンソン&ジョンソンは、このような奇跡を起こすことができたのだろうか。

それはクレドが、組織の末端にまで完璧に浸透していたからだと私は考えている。

マスメディアを使った迅速な事件の告知と自主回収の実施は、クレドの「我々の第一の責任」は「すべての顧客に対するものである」という言葉に対応したものだろう。

これは「顧客第一主義」としてよく知られている言葉であり、日本でもたくさんの企業が取り入れているものだが、企業を防衛することよりも、まずは、顧客を守ることの方が優先するという意識が浸透していたからこそ、トップの判断に対して異を唱える者がいなかったのだろう。

しかも、こうした施策を事件の起きたシカゴ周辺に限定せず、全米で同時に行っているわけだが、それは**「我々の第三の責任は、我々が生活し、働いている地域社会、更には全世界の共同社会に対するものである」**という言葉に対応するものだろう。

この**「第三の責任」**はステークホルダーの範囲を定めたものといわれているが、地域社会や地球上のすべての共同体と共生できなければ企業として存続する意味がないという、ジョンソン&ジョンソンの強烈な意志を表明するものであり、この言葉通りに、全米で自主回収という方針が瞬時に採用されているのである。

では、100万回を超える「信頼回復セミナー」の実施についてはどうだろうか。日本人の感覚では、「事件が起きた直後から積極的に信頼回復の行動を開始するなんて……」と、多少違和感を覚える部分かもしれない。

しかし、クレドの**「我々の第四の責任」**には、以下のような言葉がつづられているのである。

我々の第四の、そして最後の責任は、会社の株主に対するものである。

事業は健全な利益を生まなければならない。我々は新しい考えを試

みなければならない。研究開発は継続され、革新的な企画は開発され、将来に向けた投資がなされ、失敗は償わなければならない。新しい設備を購入し、新しい施設を整備し、新しい製品を市場に導入しなければならない。逆境の時に備えて蓄積を行なわなければならない。これらすべての原則が実行されてはじめて、株主は正当な報酬を享受することができるものと確信する。

つまり、迅速な〝信頼回復プロジェクト〟の開始は、「会社の株主に対するもの」だったのである。

このように、ジョンソン&ジョンソンは苛烈なまでにクレドを浸透させることによって、デシジョンのスピードを上げているばかりでなく、世界中のステークホルダーから絶大な信頼を得ている。

その結果、ジョンソン&ジョンソンは1943年にクレドを導入して以降、一貫して増収増益という驚異的な実績を上げ続けているのである。

ブランドコンセプトを内外に一気通貫させる

ブランドコンセプトを「企業文化」として組織の末端にまで浸透させることの重要性について述べてきた。

これこそ、まさに、企業の内側で行うインナーブランディングそのものなのである。

ただ、この内側で行っていることと外側に見せていることが食い違っていたらどうだろうか。そんなことでは、企業としての信頼性を獲得することができないのは当然だろう。

つまり、インナーブランディングとアウターブランディングは一貫している必要があるのだ。

そのことが、結果的に組織を強くすることにもつながっていくのである。

図12を見ていただきたい。

図12　ブランディングの一貫性

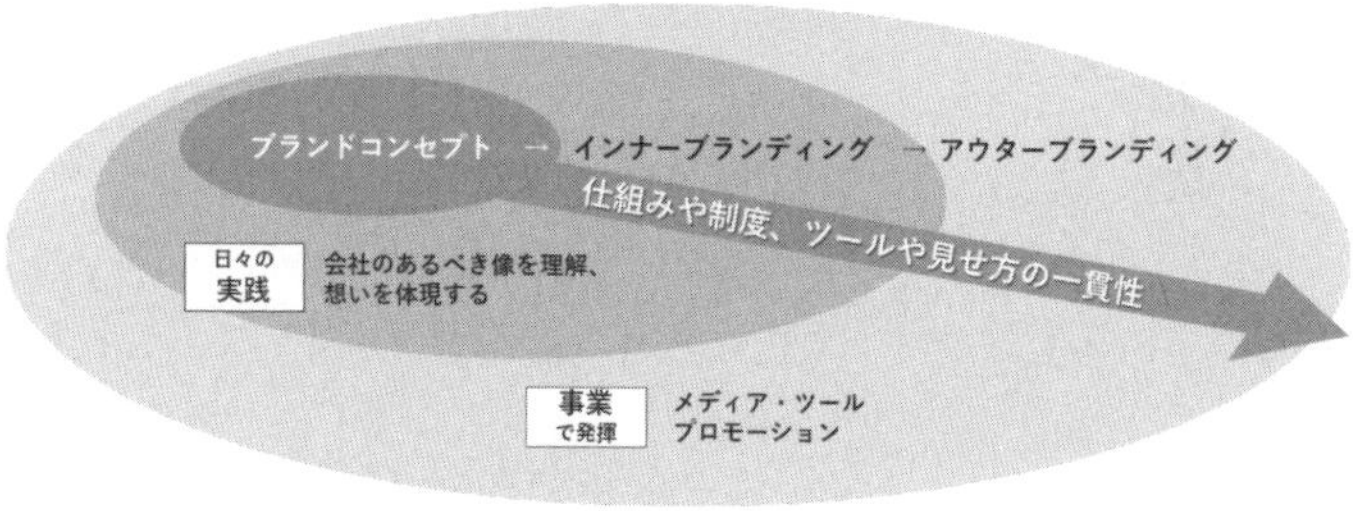

出典：イマジナ

これは、インナーブランディングとアウターブランディングの守備範囲を示したものである。すでにおわかりかと思うが、ブランドコンセプトを末端の社員のみならずアルバイトにいたるまで徹底的に理解・浸透させ、それを「日々の実践」を通して体現していくまでが、インナーブランディングの守備範囲である。

一方のアウターブランディングの守備範囲は、メディア・ツールの選択、メディアで発信する内容、プロモーションの方法など、ブランドコンセプトの「見せ方」が発信方法である。

重要なのは、この「見せ方」がインナーブランディングとブレていないことなのだ。そこにまったくブレがないことを、私は「一気通貫」と呼んでいる。

一気通貫の実現は、簡単なようで、実は簡単なことではない。

大本になるブランドコンセプト自体があいまいだと、一気通貫させるのは難しい。反対に、明確で強力なブランドコンセプトを持っていると、インナーとアウターはごく自然に一貫性を持つ。たとえば、明確で力強いブランドコンセプトを持っているファッションブランドは、広告を一目見ただけで、どのブランドかわかるものである。

つまり、一貫性はブランドコンセプトのパワーに影響されるのであり、同時に、インナーとアウターの一気通貫が実現している組織は、非常に強い組織になるのである。

弊社・イマジナのクライアントの中から、インナーブランディングとアウターブランディングが一気通貫でピタリと一致している、強い組織の事例をご紹介したいと思う。

社会福祉法人の「ちとせ交友会」である。

ちとせ交友会は全国で60園以上の保育園を運営しており、設立は1970年（社会福祉法人認可は1997年）である。前身は、なんと岡山県のお菓子屋さんだった。お菓子屋さんで働く女性従業員の子どもたちをみる施設がなかったことからスタートさせた保育事業だったが、いつしかその保育事業を業にしてしまったという、一風変わった成り立ちの組織である。

近年、保育士の待遇がよくないことがニュースになっているのを耳にすることが多い。

保育士の仕事は責任が重い割に給与水準が低く、労働時間は長く、日々の仕事に追われてスキルアップやキャリアアップが難しいため、離職率が高い。その結果、中堅やベテランが育たず経験の浅い若い保育士ばかりになってしまい、現場でトラブルや事故が絶えないという悪循環に陥っている園が非常に多いのだ。

こうした状況が再三報道され、保育園バスの中への置き去り死といった悲惨な事件が発生しているにもかかわらず、なぜ事態が改善しないのかといえば、それは、この状態を放置した方が保育園の運営者や保育士の求人・転職情報サイトにとって好都合な面があるからなのだ。

認可保育園のビジネスは、基本的に自治体から支給される補助金によって成り立っている。保育する園児の年齢と人数によって、園に入る補助金の額は変わるわけだが、当然、手間のかかるゼロ歳児が最も多く、年齢が上がるにつれて減額されていく。ざっくりと言えば、低年齢の乳児をなるべく多く預かる方が、補助金の総額は大きくなるわけだ。

では、こうした仕組みの中で運営する社会福祉法人が利益を出そうと思ったら、何をするだろうか？

これもざっくりとした言い方になることをお許し願いたいが、低年齢の乳児をなるべく多く預かる一方で、保育士の人件費を下げ、保育の質を落とせばいいのである。

保育士の人件費を下げるには、給与が高くなる中堅やベテランよりも、若い保育士の比率を増やした方がいい。さらに、手間のかかる行事や衛生面を犠牲にして、保育にかかる経費を下げた方がいいのである。そうすれば、園を運営する法人の少数の幹部たちは、大きな利益を手にすることができる。

一方、保育士の求人や転職を〝支援〟している企業の事情はどうなるのだろうか。

この手の企業はネットで検索すれば山ほど出てくるが、一般の人材派遣会社と同じで、主な収入源は紹介料である。

ある保育園に保育士をひとり紹介すると、ひとり分の紹介料が入る。ということは、保育士の新陳代謝が早ければ早いほど、保育士の求人・転職支援会社は儲かるわけだ。

つまり、保育園と保育士の求人・転職支援会社は一蓮托生なのであり、どちらも、若い保育士が転職を繰り返して、中堅・ベテランに育たないうちにどんどん辞めてくれた方が儲かる仕組みになっているのである。

保育士の待遇が一向に改善せず、保育園で事故が絶えない理由は、こうした仕組みに一因があると言っていいだろう。

では、こうした仕組みを変えることは可能なのだろうか。

私の経験では、これはなかなか難しいことだと思う。かつて、ある通信教育の大手で保育園の運営にも乗り出している企業に招かれて、話をしに行ったことがあるのだが、正直に言って、その保守的な体質にうんざりしてしまったことがある。
一社をもって業界全体を語ることは間違いかもしれないが、教育・福祉関係の団体や企業には保守的なところが多く、改革や改善といった言葉とは程遠い気がしてならないのである。

こうした業界にあって、ちとせ交友会が掲げているブランドコンセプトは、「考えさせるを、考える。」である。
このブランドコンセプトの作成にはイマジナも深くかかわっているのだが、ベースにあるのは、ちとせ交友会が長く実践してきた「見守る保育」である。その「見守る保育」の歴史を紐解いていくことから、この「考えさせるを、考える。」は生まれたのだ。

「見守る保育」とは、わかりやすく言えば、「これをやってはダメ、あれをやってはダメ」と言わない保育のことだ。

子どもが友だちと喧嘩になったとき、「喧嘩をやめなさい」と大人がすぐに仲裁に入るのではなく、友だち同士でどうやって解決するのかを、じっと見守る。

あるいは、園児が危なっかしい手つきでコップに牛乳を注ごうとしているとき、こぼしてしまった場合には、それを園児がどのように対処するのかを考えさせるのだ。

園児ができないことを保育士が代行するのは簡単なことだが、園児のトライアルをじっと見守るのはなかなかに胆力のいることである。しかし、保育士があえて手を貸さないことによって、園児は自ら考える力を身につけていく。それが「見守り保育」の狙いである。

同時に、「考えさせるを、考える。」というコピーには、「園児だけに考えさせるわけではなく、先生自身、園自体も考えるのだ」という想いが表現されている。

先ほど述べたように、教育・福祉関係の団体や企業には保守的なところが多い。

たとえ、保育の世界全体が問題を抱えていると指摘を受けていても、それを改革や改善につなげていこうという動きがなかなか出てこないのは、つまり、自ら考えていないからなのだ

もうおわかりだと思うが、「考えさせるを、考える。」という言葉は、保育園の側も日々「園児に考えさせるために、考え続けます」という決意表明でもあるわけだ。

保育園側も「考えている」一例を挙げれば、ちとせ交友会は「ちとせこども学院」という保育士養成スクールを自前で持っており、保育士の人材確保を行うと同時に、保育士の社会的なステイタスの向上を目指している。

ちとせこども学院は、ちとせ交友会の姉妹園で保育補助として給与をもらって働きながら通うことができるシステムになっており、実践的に保育を学べるだけでなく、学費の負担を実質的にゼロに近づけることが可能な

のだ。

同校を卒業すると、保育士資格、幼稚園教諭2種免許状のほかに、短期大学士なども取得できる。


これは私が接してみた実感だが、この、ちとせこども学院を卒業した保育士は、本当に素晴らしいと思う。もちろん、中途採用した保育士の質が低いと言うつもりはないのだが、やはり、法人が自らゼロベースで育成した人材は、理念への共感が高く、圧倒的に質が高いのだ。

ちとせ交友会は、学院の卒業生がいくつかの保育園を統括する地域のリーダーとなっていく仕組みを採っており、ちとせ交友会のブランドコンセプトを全国に散らばる園に浸透させる役割を担っている。

やはり、時間はかかっても、ゼロから人を育てることは大切なのだ。そして、ちとせ交友会を見ていると、時間はかかるが一から人材を育てることの重要性を痛感させられるのである。

学院の運営はほんの一例に過ぎない。

ちとせ交友会はさまざまな面でインナーブランディングの強化に取り組んで、法人内の教育制度を充実させ、保育士が確実に成長を実感できる仕組みをつくっていったことによって、離職率を劇的に低下させることに成功している。

その結果、年間約2億円もかけていた——つまり、求人・転職支援会社に支払っていた——保育士の採用コストをほぼ半分にまで圧縮でき、その差額を保育士に還元するという好循環を生み出しているのである。

「考えさせるを、考える。」は、見守り保育に取り組んでいることを表現しているばかりでなく、園自体も保育士自身も考え続けることの決意表明でもある。ちとせ交友会の保育士の間には、「園児に考えさせるというなら、私たち(先生たち)も考えないとダメだよね」というカルチャーが浸透し、定着している。

これこそ、ブランドコンセプトを明確にしたことから生まれた、大きな成果なのである。

では、こうしたブランドコンセプトをインナーとアウターで一気通貫させるとはいったいどういうことだろうか。そして、そこにはどんな意味があるのだろうか。

まずは、ちとせ交友会のホームページをご覧いただきたい（https://www.chitosek.or.jp）。


このホームページの作成には、やはりイマジナがかかわっているのだが、動画とコピーによって、「考えさせる」とはいったいどういうことか、そして「私たちが考えていること」はどういうことかを、直感的に保護者も保育士も理解できるようにつくり込んであるのである。

先ほどの図12に「ブランディングの一貫性」という表現があったと思うが、「考えさせるを、考える。」というブランドコンセプトを、アウターの表現にも一貫させているのがおわかりいただけると思う。

インナーブランディングでは「考えさせるを、考える。」を日々の保育の中で実践し、アウターブランディングにおける表現でも、まったく同じ内容をブレることなく伝えている。これが、私の言う「一気通貫」のわかりやすい例である。

では、「一気通貫」させる意味は、どこにあるのだろうか。

ひとことで言うと、園児に「考えさせる」という保育スタイルは、「考えさせるために、見守っている」という園の考え方や想いを伝え、それを明確に表現する。保護者も保育者もその考えに共感してくれなければ、ミスマッチが起こり、「何もしていない」ように見えてしまう危険性もあるのだ。

つまり、インナーブランディングの成果である日々の「見守る」ことの実践を、アウターブランディングによって外側にも表現していかなければ、保護者や保育者の理解も得られない可能性があるのだ。

しかも、インナーとアウターにわずかでもブレがあれば、たちまち保護者に不信感を抱かせてしまう。

なぜなら、「見守り保育」には、小さなリスクがつきものなのだ。小さなリスクをおかしてでも、見守ることによって、子どもの成長を促しているのを保護者に理解してもらわなくては、見守り保育は成り立たない。

だからこそ、インナーとアウターが一気通貫していることが重要なのである。


何かと問題の多い保育園業界において、ちとせ交友会は本当に素晴らしい保育を行っていると感じる。

その、いい保育が実現できているのは、ベタな言い方だが、理事長をはじめとした法人の幹部が保育士を自ら育成し、保育士のステイタスを高め、保育の質を高めようと本気で考えているからである。

その想いの強さが、強力なブランドコンセプトを生み、ブランドコンセプトが明確で力強いからこそ、インナーとアウターの一気通貫が実現しているのである。

まさに、ブランドコンセプトの一気通貫によって、強い組織に成長したといえる。

社員に、ブランドコンセプトを浸透させる術は？

ブランドコンセプトをインナーブランディングとアウターブランディングの間で一気通貫させることの重要性について述べてきた。

次に考えたいのは、ブランドコンセプトを社員に浸透させる具体的な方法である。

やはり弊社・イマジナのクライアントの一社を例にして、この問題を考えてみたいと思う。

ジオ・サーチというユニークな会社がある。

創業は１９８９年（昭和64年）。マイクロ波の技術を使って、地下を可視化できる技術を持った会社である。

創業者は冨田洋さん。もともと三井海洋開発という会社のサラリーパーソンだった人物だが、アメリカ赴任中にマイクロ波の技術に出合い、その可能性に魅了されて独立した。

独立直後に国連から対人地雷探知技術の開発を依頼されて、2006年にはタイ・カンボジア国境付近にある大クメール遺跡周辺の地雷除去に成功。同遺跡は、後に世界遺産に登録されることになった。

ジオ・サーチは単に地下の地図を描くだけではなく、たとえば、道路の下に大きな空洞があって陥没が予想される箇所を独自に探知し、そのデータを自治体に無償で提供して災害の発生を未然に防ぐ「減災」につなげるなど、社会貢献に力を入れている。

創業者の冨田さんも社員も、「世界の未来をより良くしよう」と意欲に溢れている素晴らしい会社なのである。

イマジナはジオ・サーチの社員とともにブランドコンセプトづくりを行っており、その成果はジオ・サーチの想いに集約されている。ホームページにも掲載されている、その冒頭の一文を引用してみよう。

真価を見つけ、進化する。
地中に眠っているものは私たちの目に映らない。
それは、まるで宇宙の未知なる惑星のよう。
前人未到の新大陸のよう。
こんなに身近にあるのに世界にはまだ、
その真価に気づいている者は少ない。

こうした想いをいかにして社員に浸透させているのだろうか。

同社はコンセプトを元に評価制度の見直しを図り、理念に対する理解の深さを社員の評価に落とし込むことによって、理念を浸透させていっているのである。
では、企業はどのようにして浸透の度合いを測るべきなのかといえば、年に数回の浸透度調査を行うことによって、実際に測定することが可能である。

これは、前述のジョンソン&ジョンソンでも行われていることだが、アンケート調査とランダムなヒアリングによって理念の理解度、浸透度をチェックして、結果をイマジナがレポートにまとめ上げる。そして、浸透度の低い部署や事業所については、フォローアップ研修を実施して、浸透の徹底を図るのである。
こうした、地道な取り組みを数年間続けて、それが企業文化として確実に定着してきたら、その後は、理念が社内で実際に「機能」しているかどうかをチェックしていくことになる。

このプロセスで重要なのは、決して一方的に理念を押し付けるのではなく、社員と一緒に考えていくという姿勢を貫くことだ。

伴走型のコンサルティングと言ってもいいが、いずれは、社員が自ら理念を実現するために何をすべきかを考え、同僚を巻き込むために何をすべきかを考え、自ら理念を具現化する行動ができるようになってもらわなければ困るわけで、それには「一緒に考える」ことが必要なのだ。

同時に大切なのが、サーベイはあくまでも改善すべき点を探すためのサーベイであって、「間違い探し」のためのサーベイではないことを、サーベイを実施する側が理解していることだ。

なぜなら、間違い探しのためのサーベイをやると、社員は「正解さえちゃんと書ければ合格」だと思ってしまうのだ。しかし、大切なのはテストで100点を取ることではないのだ。

あくまでも、理念を深く理解して、それを行動につなげていくことが目的なのである。

「理念」によって、社員を変える、組織を変える

私は、いわゆる「モチベーションサーベイ」＝「従業員満足度調査」ほど無用なものはないと思っている。

よく、従業員満足度が高いからうちはいい会社だなどということをホームページで宣伝している会社があるが、満足度が高かったからOKという考え方はまったくのナンセンスであり、わざわざその企業のレベルの低さを宣伝しているようなものだと思う。

サーベイとは常に、「よりよい状態にしていくには、何をすべきか」を発見するために行うものなのであり、従業員満足度調査などをいまだにやっているのは、私の知る限り、日本企業だけなのである。

図13は、理念を浸透させるために大切な3つの要素をまとめたものである。

図13　理念を浸透させる3つの要素

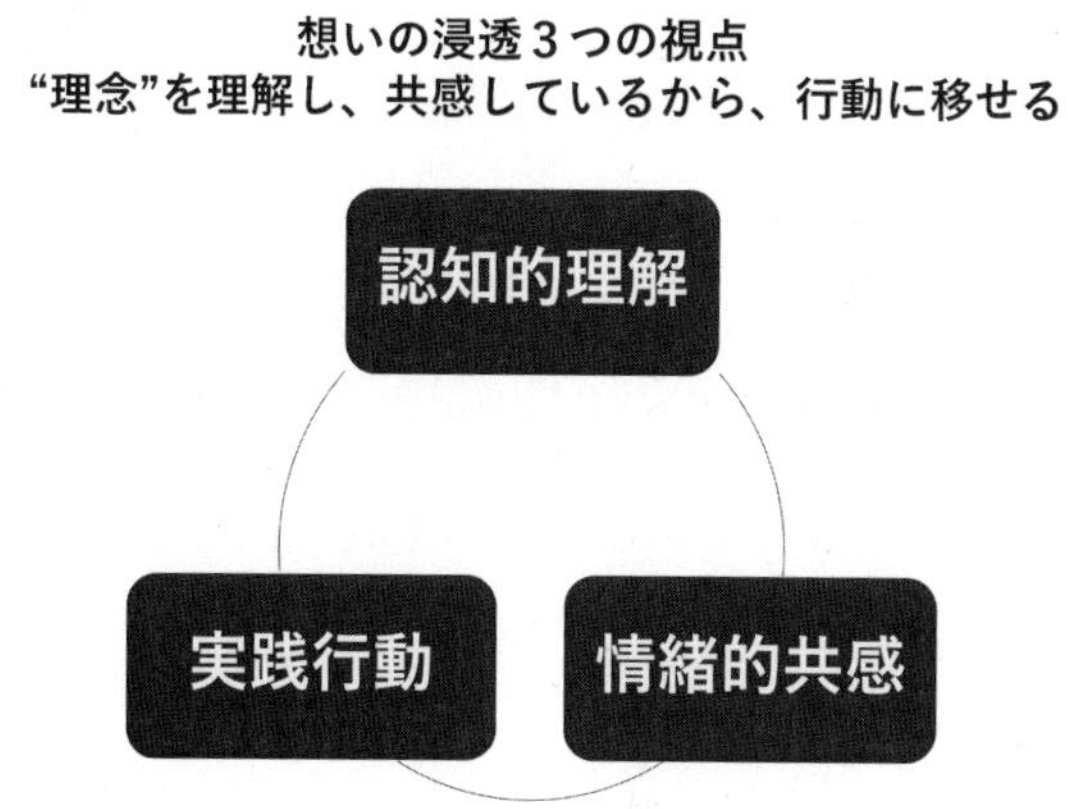

出典：イマジナ

理念を「認知的に理解」させ、それを「実践行動」に結びつける具体策については、これまでに述べた通りである。

では、3つの要素の中の「情緒的な共感」とはいったい何だろうか？

これは理念の内容にも左右されることであり、内容に関してはこのChapterの最後に解説をしたいので、それはひとまずおいて、情緒的な共感がどのようなときに起きるかを考えてみると、それは理念を「自分事」として捉えたときなのである。逆に言えば、理念が「他人事」であるうちは、社員は絶対に共感などしない。本気にはならないのである。

シャトレーゼという会社がある。問屋を通さない工場直販のフランチャイズを全国的に展開している洋菓子専門店である。

シャトレーゼはもともと山梨県で創業しており、私が山梨の出身であることもあって（しかも実家は古くから菓子問屋を経営していた）、以前からシャトレーゼには注目していたのだが、会社の理念を「自分事」にし、社員を巻き込んで本気にさせるという点で、非常に優れた取り組みをしていると私は思う。

シャトレーゼには、現在約1800人の社員がいるのだが、なんと、そのうちの約120人をプレジデントに任命しているのだ。プレジデントは直訳すれば「社長」だから、シャトレーゼには社長が120人いることになる。

プレジデントは、それぞれ「ロールケーキプレジデント」「あんこプレジデント」「どらやきプレジデント」など、担当する菓子や、持ち場ごとに決められており、ラインの改善によるコストダウンや新商品のアイデア出しなど、まさに「経営者の視点」で提案を行う。

そして、プレジデントの提案が一定の成果を上げたと認定されると、相応の報償金が出るのだ。

こうして、組織の随所に「経営者の分身」を配置することによって、シャトレーゼは企業理念を末端まで浸透させることに成功している。

社員による改善提案の制度は多くの会社で採用されていることだが、きちんと金銭的に報いる制度を持っている会社は少ないのではないだろうか。

同じ洋菓子業界で思い出されるのが、不二家の事件である。

２００７年、不二家のシュークリームなどに期限切れの牛乳が使われていたことが発覚して、大問題となったことをご記憶の方は多いと思う。それればかりか、細菌検査で基準値をオーバーする細菌が検出されても、「合格」の判断が下されていたことなどが次々と明らかになって、不二家の信頼は地に堕ちたのだった。


この事件の経緯を聞いて私がまっ先に思ったのは、「不二家の社員にとって、賞味期限切れの牛乳を使って商品をつくってしまうということ、それは他人事だったのだな」ということであった。

もしも、製造現場で起きていることは「自分事」であると考える社員ばかりだったら、基準から外れた材料を使うことなど、絶対にあり得ないはずだからである。

では、不二家の社員たちは、なぜ動けなかったのだろう。おそらく社内には、上司に言い出せない環境がはびこり、どうしようもなかったのかもしれない。

私はこうした、自分の頭で考えることをしない社員は、もはや「作業員」なのではないかと思う。実際、事件発覚後の調査によって、事件が起きた工場では工場長や課長などの管理職が、基準を外れた材料の使用を「容認」していたことが明らかになっている。まさに、上がいいと言えば何でもOKというのが、当時の不二家の体質だったのである。


これは、末端まで理念の浸透が行われていない会社でいったい何が起きるかを象徴的に表している事件だと私は思う。

同時に、経営者と同じ視線で現場を見詰めている社員が120人いるシャトレーゼと、上が右と言えば右を向いてしまう「作業員」ばかりの会社の、いったいどちらが組織として強いかを端的に示す例だと思うのである。

まさに人材は、インナーブランディングによって「人財」にもなれば、「人災」も引き起こす。そして、人財にするのも人災にするのも、経営者の考え方一つなのである。

事業大義を意識して、「理念の質」を上げていく

さて、このChapterの最後に、ブランドコンセプトの質について考えてみたいと思う。社内に浸透させたい「理念の質」、と言ってもいいだろう。

イマジナのクライアントに、「タンスのゲン」という企業がある。家具のEC（Eコマース）によって急成長を遂げている、伸び盛りの企業である。

タンスのゲンの源流は、1964年に創業した「九州工芸」という婚礼家具メーカーである。オーダー家具メーカーを経て、2002年に家具のネット販売を開始すると、2017年に年商100億円を達成し、2021年には年商200億円を達成。

わずか4年間で、年商を2倍にしたのだ。この快進撃にはさまざまな理由があるのだが、注目していただきたいのは、タンスのゲンの「コーポレー

トメッセージ」なのである。
イマジナが作成した文章が以下になる。

大川を、世界のインテリアバレーに。
ものの情報がネット上に溢れる現代、
地域産業を残すために何ができるだろう。
つくり手の想いを乗せ、魅力を引き出し、
本当の価値を日本中、世界中へ。
価値を求めるお客様との接点をＤＸで生み出し、
未来へ紡いでいく。
それが、タンスのゲンの使命です。
何よりも人を大事に思う私たちだからこそ、
社員全員で本当の価値を追求し続け、
大川という地域を人と技術と情報、そして期待が集まる
「世界のインテリアバレー」にすることを目指します。

いかがだろうか。

「世界のインテリアバレー」とは、もちろんシリコンバレーをもじった表現だが、私が注目していただきたいと思うのは、最後から2行目の「大川という地域を」という言葉なのである。


タンスのゲンは、福岡県の大川市にある。

大川市は実に16世紀の昔から、木工の街として栄えてきた歴史を持っている。

そもそもは、筑後川や有明海の水運で使用する船をつくる船大工の街だったが、やがて、一般的な既製品の家具や建具、オーダーメイドの高級家具を製造するようになって現在に至っている。

現在も、大川市の基幹産業が家具や建具の製造であることに変わりはないのだが、1990年代以降、少子化によって子ども用の学習机の需要が減ったこと、安価な外国産家具の流入、結婚形態の変化によって婚礼家具の需要が減ったことなどの理由によって大川市の家具の生産額は激減し、倒産や廃業が相次ぐ状態となっている。

こうした背景をご理解いただいた上で、先ほどのコーポレートメッセージをもう一度お読みいただくと、大川で生まれ育ったタンスのゲンという会社の、地域に対する熱い想いが伝わってくるのではないだろうか。

先ほどの図13で、理念浸透の3つの要素として「認知的理解」「実践行動」「情緒的共感」を挙げたが、このタンスのゲンのコーポレートメッセージは、ダイレクトに社員の「情緒的共感」を引き寄せるものだと私は思う。

単に年商を500億、1000億にしていきたいというメッセージだったら、ほとんどの社員は共感しないだろう。

年商が5倍10倍になれば経営者には満足感があるかもしれないが、社員にしてみれば、多少は給与が増えるにしても、仕事が忙しくなるだけのことである。

年商が5倍、10倍になるのに比例して、給与も5倍10倍になるわけではないのだ。

しかし、自分たちの働きが衰退していく地域の活性化に貢献するとなったらどうだろうか。それは年商や給与の議論とは別の、「やりがい」の話になってくるだろう。


実際、大川市では家具製造業の衰退によって働き口が減ってしまったために、すでに20代～30代の人口は全国平均よりも少なくなっており、若年層の人口のさらなる流出を止めることができない状況にある。

この状況に歯止めをかけ、日本有数の「家具の通販会社」として大川という街をデザインし直し、「大川を、世界のインテリアバレー」にするのだという言葉には、「年商を500億、1000億にする」とは、まったく違う響きがあると私は思う。

もちろん、経営者にしてみれば「大川を世界のインテリアバレーにするためには、もっと売り上げを大きくする必要がある」というのが本音かもしれない。しかし、それでは社員の心には響かない、共感は得られない、社内に浸透していかないのである。

私は、ブランドコンセプトを構築するに当たって「大義」が重要だと考えているのだが、その理由はここにあるのだ。

人間という生き物は、意外にも、私利私欲には燃えないのだ。しかし、義のあることには燃え上がる。

だからこそ、会社の経営理念には「大義」が重要なのである。

こんな話を経営者にすると、すぐさま、「うちはSDGsのために、植林をやっている」とか、「地球環境を守るために、社員をビーチクリーンに参加させてマイクロプラスティックを拾わせている」といった返事がくるものだ。

しかし、私が言っている「大義」とは、こうしたボランティア活動やCSRのことではないのだ。

たとえば、森林伐採をやっている企業に融資をしている銀行が、いくら

ＳＤＧｓのために植林をやっていますと言ってみたところで、行員の多くは「うちの会社はウソ臭い」と思うだけのことだろう。

私の言う大義とは、あくまでも「本業によって社会に貢献する」ことである。しかも、自分の会社が事業によって社会の課題を解決していることを、社員自身が「実感」できることが重要なのである。

もう一つ、別の角度から話をしよう。

弊社・イマジナのクライアントに、「イムラ」という工務店がある。

奈良県に本社を置くイムラは創業95年を誇る老舗であり、もともとは材木商であった。１９９０年代からハウスメーカー事業を開始し、２０００年代に入ると奈良県が誇る建材である吉野杉を多用した住宅づくりを本格的に開始した。

この過程を通してイムラは、吉野杉の生産地が過疎に悩んでおり、５００年も続く吉野杉の森が危機に瀕していることを知るようになるのである。

特に、「山守」と呼ばれる吉野杉を守り育てる職人の高齢化も著しく、しかも、吉野杉の産地は山間部の村にあるのだ。コンビニも何もない山間の村に、好き好んでやってくる若者はいない。やがて山守の後継者が絶えてしまうことは火を見るよりも明らかだった。

山守がいなくなってしまえば、吉野杉をふんだんに使った住宅もつくれなくなり、文化も継承できなくなってしまう……。

こうした危機的な事態に直面して、イムラは何を決意したか。

生産地の一つである川上村を、村ごと活性化する事業に取り組むことを決断したのである。

イムラの3代目社長、井村義嗣さんが始めた川上村支援の柱は、「地域循環」の構築である。

それは、吉野杉を使用した住空間を提供することで、吉野の森と地域経済の循環の要を担うということになる。

継続していかなければ、この循環は失われてしまう。

だからこそ、吉野杉の価値を高め、次世代に響く見せ方を追求し、事業によって環境や文化、人の循環を担い、地域創生を体現する。

あくまでも、事業としてやっていることなのだ。

「事業」でやっているからこそ、社員はやりがいを感じ、自分の仕事が地域や社会全体にプラスになっていると実感することができるのである。

このことは、当節流行しているSDGsにも言えることだと思う。


たとえばイムラは、自前で大工の育成も行っている。

専属契約を結んでいる熟練した大工の下で、若者に6年間大工修業をしてもらい、7年目はお礼奉公、8年目からイムラと専属契約を結んで、一人前の棟梁として自立してもらうというプログラムだ。

また、川上村を活性化させるだけでなく、イムラ自身も東京ドーム1個分に相当する森林を購入して、その保全活動を行っている。この森林は水源地でもあり、同時に、イムラの社員や地域の子どもたちが森林の役割や林業について学ぶフィールドにもなっている。

こうした取り組みによって、イムラは自社が使う資材を生み出す森林から、資材を加工する大工まで、つまり、川上から川下までを保護し、活用し、活性化させているのである。

イムラの存在によって、吉野杉という貴重な資源が、地域社会を潤しながら、まさに「持続的」に活用されていくことになるのだ。

さらには最近、吉野杉の医学的効能の研究も進め、産官学医まで連携し、持続的に地域に循環を残すための取り組みを企業が主体となって取り組んでいるのである。

私はこれこそ本物のＳＤＧｓだと考えるし、こうした壮大な循環を生み出す仕事に取り組めるイムラの社員は、本当に幸せだと思うのだ。

人材を「人財」に高めるには、高い給与を払ったり、高額なセミナーを受けさせればよいわけではない。社員が心底意義を感じて、本気で取り組める事業を創出すること。遠回りのようだが、それが最も確実で持続性のある「人財づくり」の方法なのである。

Chapter 3のポイント

■ 社員こそが、
「企業ブランド」をつくり上げていく。

■ 「ブランドの設計図」を描く、
3つのポイントを押さえる。

■ 共感を生み出すために、企業の独自性を
反映した「ストーリー」を！

■ ブランドコンセプトを
「企業文化」として浸透させる。

■ 「理念」の浸透は社員意識を高め、質を
上げていくための必要不可欠な要素。

■ SDGsとはボランティアではなく、
事業を通じて実現すべきもの

Chapter 4

Branding戦略の根幹に、「WEB」活用を！

計り知れない接触パワーがあるインターネットの世界

ここまで、ブランドコンセプト、インナーブランディング、アウターブランディングについて解説をしてきた。なかでもインナーブランディングが最も重要であり、それは、自社のブランドコンセプトを社員一人ひとりに徹底的に浸透させることに他ならないという私の考え方は、ご理解いただけたと思う。

だからこそ、社員教育が重要なのであり、社員教育の陣頭指揮を執るのは経営者でなければならないということも、何度かお伝えしてきた。ゴルフに行っているヒマがあったら、ともかく、若手の社員と「向き合って」ほしい。それが社員教育の第一歩である。

さて、経営者が自ら取り組まなければならない重要な課題が、もう一つある。それは、「自社のブランドを守る」ということだ。

これは、アウターブランディングに近いことではあるが、広告を打ったり、ホームページを立ち上げたりすることとは違う。ブランドを守る。プロテクトするのである。

どうしてブランドプロテクトが必要なのかといえば、インターネットの世界にはブランドを毀損する破壊力があるからだ。せっかく築き上げた輝かしいブランドイメージが、いとも簡単に地に堕ちてしまう。あるいは、心血を注いでブランドコンセプトを築き上げても、それがまったく評価されないまま闇に埋もれてしまうこともある。

なぜか。

原因の大半は、経営者が気づいていないことにある。経営者がインターネットの世界について散らないことが多いと、会社も社員もとてつもない損害を受けることになるのだ。

「いやいや、私はちゃんとDXの本を読んで勉強をしています」

などという経営者がとても多い。

しかし、同じ経営者に自社のホームページの先月の訪問者数を尋ねてみると、数字を知らないどころか、どうやって訪問者数を調べるのかさえ知らない場合があるのだ。WEBの制作を請け負っている広告代理店の社長ですら、それを知らなかったケースに出くわしたことさえある。

なぜこんな事態になっているかといえば、経営者の多くはインターネットの世界の裏側、闇の側面を知らないのである。本質を理解しないままにフィンテックだとかDXといった流行り言葉を、新聞や本や雑誌の記事で読んで理解したつもりになっているだけなのかもしれない。

そんなことでは、自社のブランド価値を守ることはできない。インターネットの世界は「いいものさえつくっていれば必ず評価される」というような、性善説（?）が通用する世界ではないのだ。

では、インターネットの世界とは、いったいどんな世界なのか。まずは、私なりに、この世界の横顔をスケッチしてみることにしよう。

図14は表題の通り、「情報の接触回数と信頼性」の関係を表したものである。消費者は同じ情報に3回接すると、その情報の内容を認知するようになり、7回接するとその情報を信頼しやすくなることがさまざまな研究データから明らかになっている。

つまり、人はより多く接したものを、接触の少ないものよりも信頼しやすい傾向にあるわけだ。別になんということもないことのように思えるかもしれないが、これは実に恐ろしいことだと私は思う。

たとえば、私を騙そうと思って接近してきた人物であっても、何度も会っているとその人物を信頼してしまう可能性があるわけだ。別の言い方をすれば、人間は情報の内容や質ではなく、情報との接触頻度によって、その情報への信頼度を高めてしまうのだ。

これを逆手に取って考えれば、相手を信用させようと思ったら、接触頻度を増やしさえすればよい、ということになる。

これはインターネットの世界の本質を知るための、イロハのイと言っていいだろう。

図14　情報の接触回数と信頼性

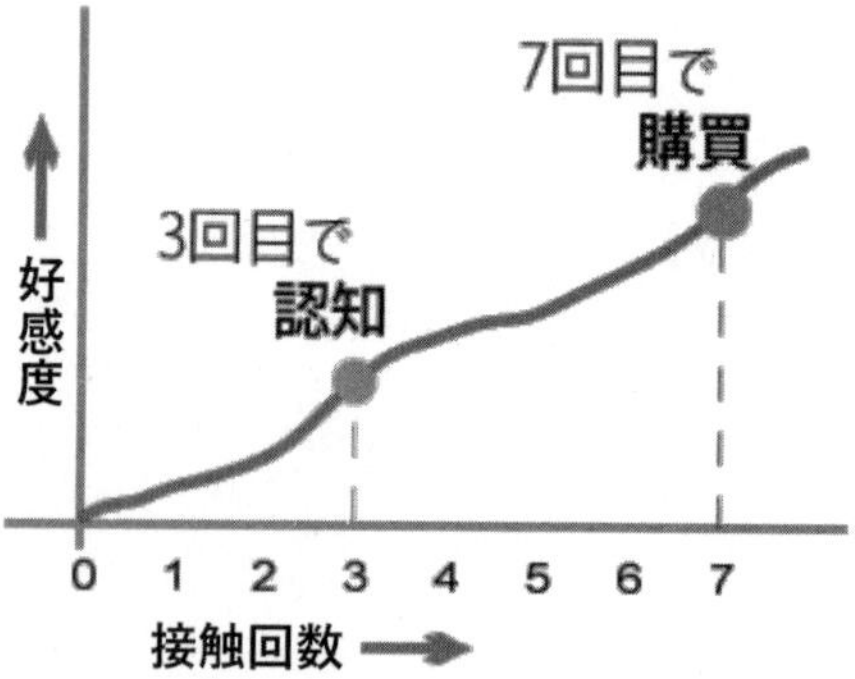

消費者は同じ情報に3回接触すると「認知」し、
7回接触することでその情報を信頼しやすくなる

出典：イマジナ　さまざまな研究データをベースにイマジナで作成

次に図15を見てほしい。これは、スマートフォンの使い方の調査結果だが、スマホの所有者の91・9％が検索行動を行っていることがわかる。つまり、従来であれば専門家や知人に相談したり書物で調べたりすることを、スマホで検索している人が多いのだ。

一時期、ヘルスケア関連のWEB記事の内容がいい加減であることが問題になったことがあったが、かつてなら医者に相談したり、それこそ辞書のように分厚い『家庭の医学』を開いて調べたりしたことを、スマホで検索するのが当たり前の時代になったのである。

こうして、スマホを使った検索行動が情報収集の主流を占めるようになったことで、いったい何が起こったのだろうか。

さらに図16を見てほしい。これは、マスメディアの4媒体（新聞、雑誌、テレビ、ラジオ）とインターネットの広告費の推移を示したものだ。ご覧の通り、2021年にインターネットの広告費がマス4媒体の広告費を追い抜いている。

もはや広告宣伝の主戦場は、インターネットに移ったのである。

図15　アドバイスは専門家からスマホへ

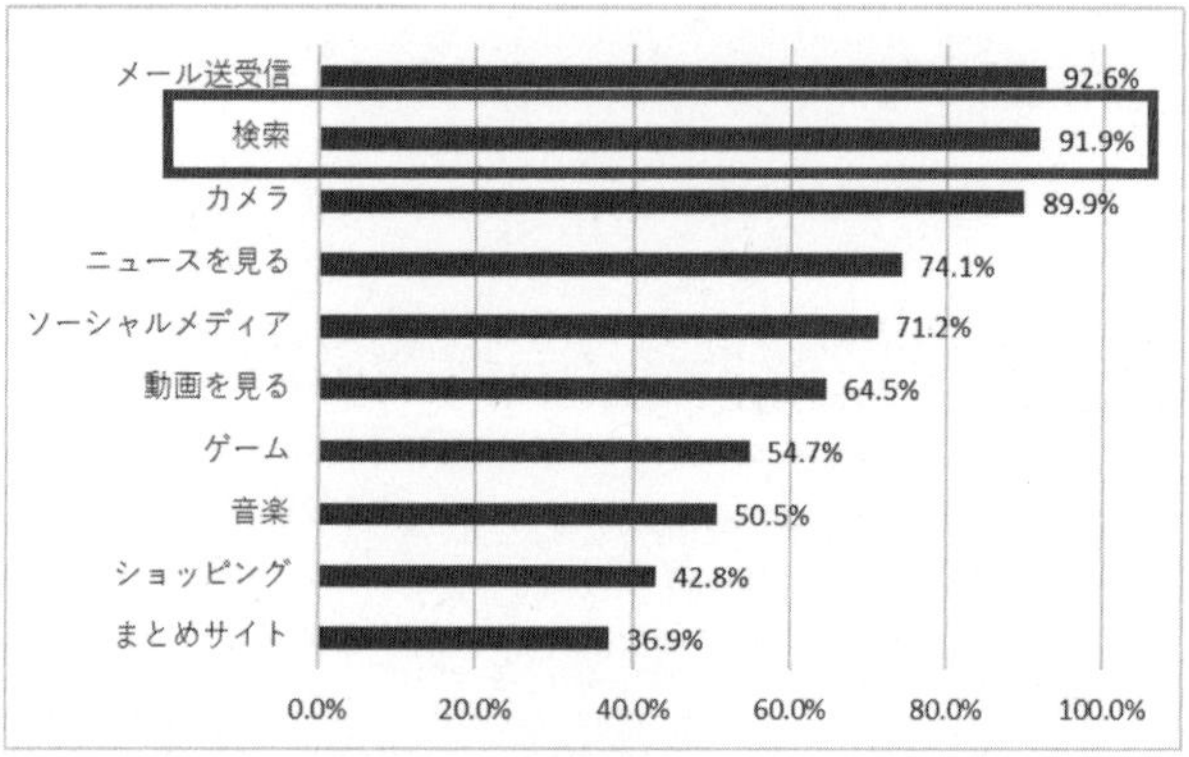

スマートフォンの普及とともに検索行動は大幅に増加
これまで専門家や知人に相談していたことを検索

出典:イマジナ　博報堂DYメディアパートナーズメディア環境研究所の調査データをベースにイマジナが作成

図16　2021年の「広告費」でWEBがマス超え

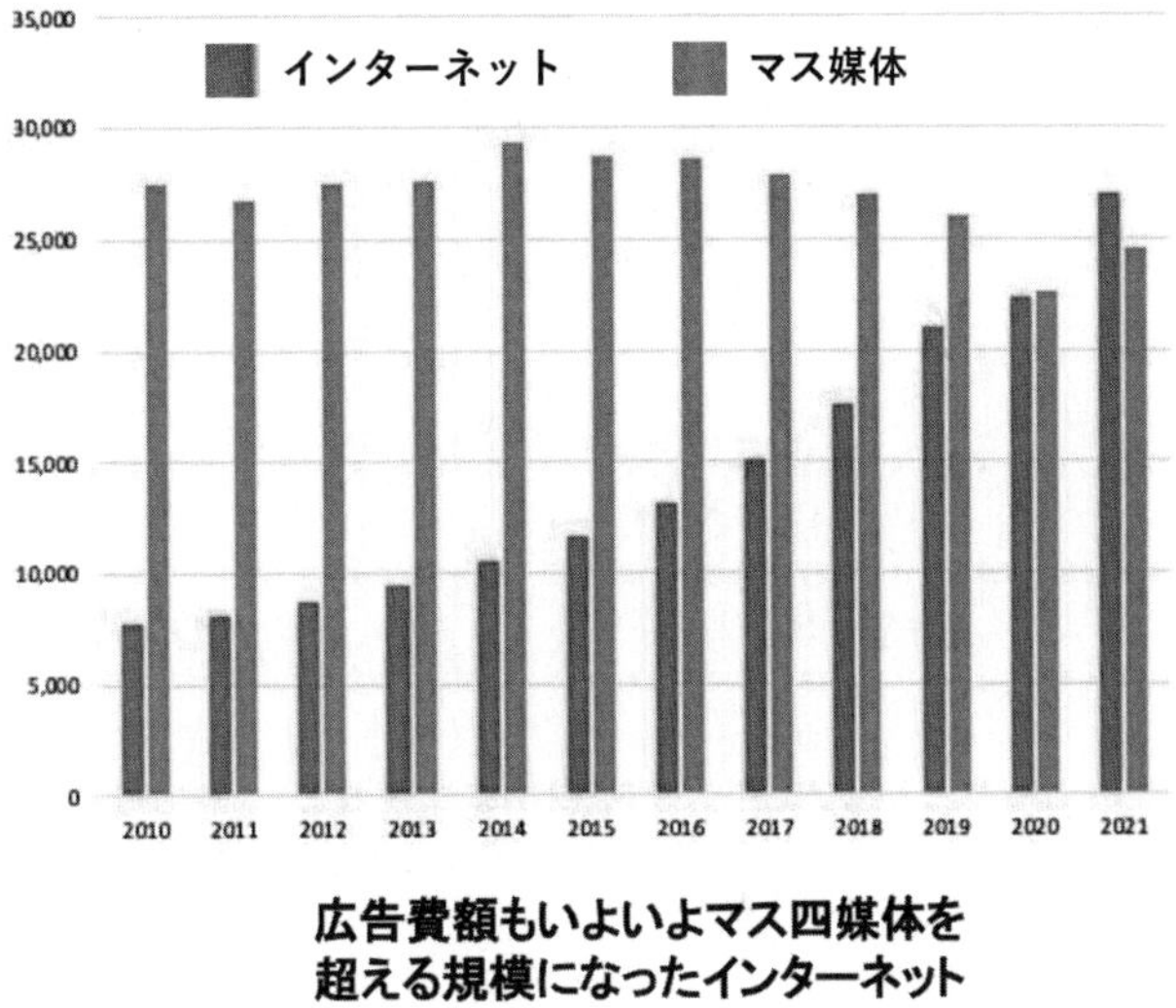

広告費額もいよいよマス四媒体を
超える規模になったインターネット

出典：「2021年　日本の広告費」電通

知ってもらうから「見つけてもらう」時代へ

では、インターネットとスマホの利用が拡大したことによって、消費者の購買行動はどのように変化したのだろうか。

マスメディア中心に広告が展開されていた時代は、企業の側が広告によって商品を「知ってもらう」ことで消費者の購買行動を喚起していたわけだが、現代では広告を——テレビのCMのように——なかば強制的に見せることは難しい。消費者が検索行動によって情報を自ら仕入れる現代では、企業からの積極的なアピールによって商品を知ってもらうのではなく、検索によって「見つけてもらう」しかないのである。

また、購買して商品を「体験した（味わった）」消費者は、今度はインフルエンサーとなって、商品の感想をSNSやWEB上にアップしていくのだ。

すると、その情報が再び検索によって「見つけ」られて、商品に関する情報が拡散される。つまり、スマホによる検索行動が日常化したことによって、商品に関する情報を流通させる主役は、企業から消費者に移ったと言っていいのである。

さて、こうした事態をブランディングという観点から見ると、どのようなことが言えるだろうか。

消費者がインターネットを使って情報収集をするとき、まず何をするかといえば、当たり前のことだが、調べたいと思う商品や企業の名前を検索エンジンの検索ウインドウに入力するだろう。

すると、その商品や企業に関連のあるWEBサイトが表示されるわけだが、この際に、ブランディングという観点から見て極めて重大な意味を持っているのが、「サジェスト・関連キーワード」なのである。

サジェスト・関連キーワードとは、検索したい言葉とよく一緒に検索されている言葉を自動的に提案してくれるという、いささかおせっかいな機能なのだ。
日本を代表する有名メーカーや日本国内で最も給与の高い会社であっても、社名を検索すると、「やばい」「死亡」といったネガティブなサジェストワードが出てくるのである。

いったい、どうしてこんな不吉な言葉が出てくるのだろうか？

そのカラクリについては後で述べるとして、とりあえず図17を見てほしい。これは、消費行動に対してネガティブ情報がどのような影響を与えているかを調べたものだが、ご覧のように驚くべき結果が出ている。
購買行動を起こそうとしている消費者の多くが、購入を検討中のサービスや商品に関するネガティブ情報を「信用する」と答え、ネガティブ情報に接した場合に「購入を再検討」もしくは「購入をやめる」と答え、そして、たとえいままで使い続けてきた商品でも、ネガティブな評判があると知る

図17　ネガティブな情報

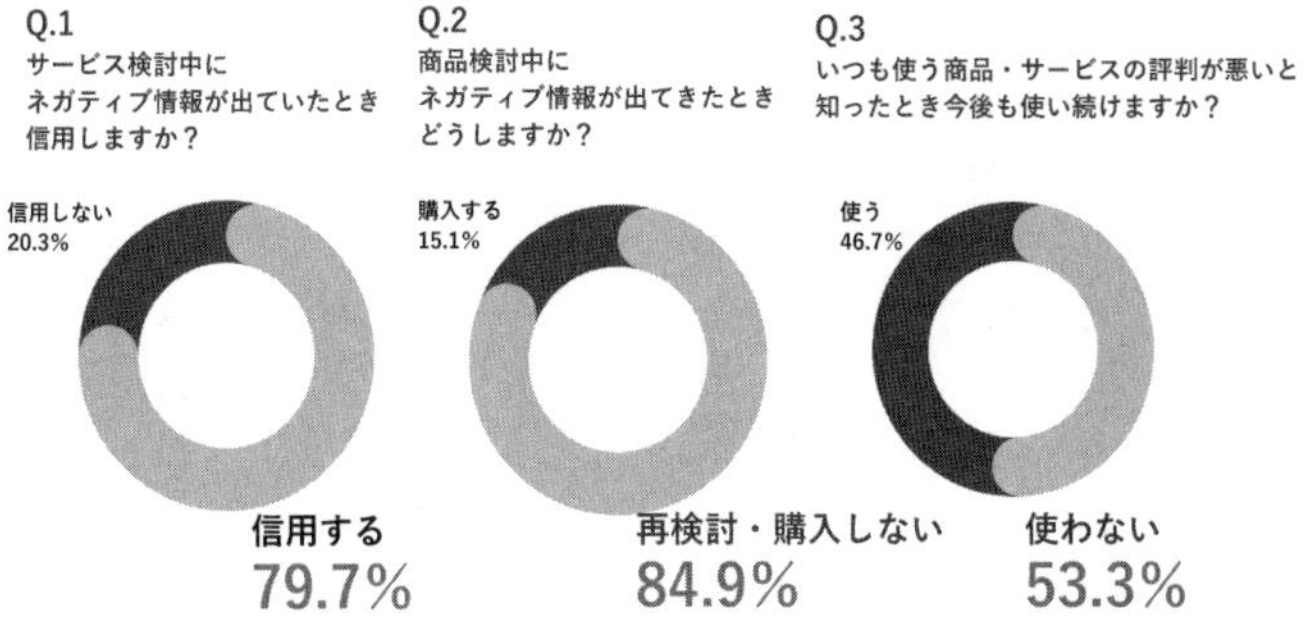
Q.1
サービス検討中に
ネガティブ情報が出ていたとき
信用しますか？
信用しない
20.3%
信用する
79.7%
Q.2
商品検討中に
ネガティブ情報が出てきたとき
どうしますか？
購入する
15.1%
再検討・購入しない
84.9%
Q.3
いつも使う商品・サービスの評判が悪いと
知ったとき今後も使い続けますか？
使う
46.7%
使わない
53.3%

出典：イマジナ

と、実に半数が「使うのをやめる」と答えているのである。

ネガティブ情報の持つパワーは、これほど強い。人間はポジティブな情報よりも、ネガティブな情報を信用しやすい生き物なのである。

しかも、サジェストワードにネガティブ情報がある場合、それをクリックするのをやめさせるのは難しい。芸能人のゴシップが好んで読まれるように、人間はポジティブな情報よりもネガティブな情報を知りたがる生き物だからである。

こうした事情を知ってみると、サジェストワードに出てくる「やばい」「過労死」「激務」「残業」「パワハラ」「ブラック」などといったネガティブワードは、企業のブランドイメージをいとも簡単に貶めてしまう危険な言葉であることがわかるだろう。

実際、サジェストワードは商品の購買行動だけでなく、就職活動にさえダイレクトに影響を与えていることがわかっている。

図18を見てほしい。

図18　採用活動への悪影響

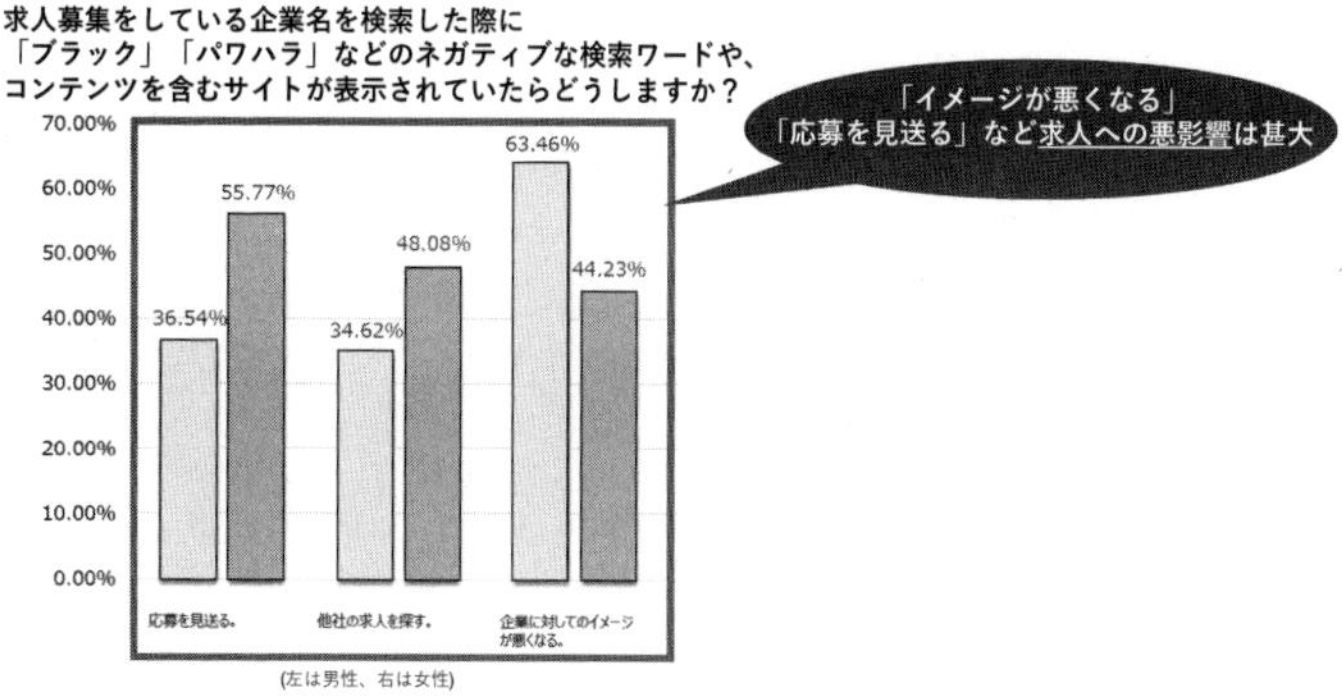
求人募集をしている企業名を検索した際に
「ブラック」「パワハラ」などのネガティブな検索ワードや、
コンテンツを含むサイトが表示されていたらどうしますか？
「イメージが悪くなる」
「応募を見送る」など求人への悪影響は甚大
70.00%
60.00%
50.00%
40.00%
30.00%
20.00%
10.00%
0.00%
36.54%
55.77%
34.62%
48.08%
63.46%
44.23%
応募を見送る。
他社の求人を探す。
企業に対してのイメージが悪くなる。
(左は男性、右は女性)

出典：イマジナ

これは、自分が応募しようと思っている求人元の企業を検索したとき、ネガティブワードがヒットしたらどのようなアクションを示すかを調査した結果である。

なんと女性の場合、半分以上が「応募を見送る」と答えているのだ。「企業に対してイメージが悪くなる」は、男性で実に60％を超える。

サジェストワードの破壊力は、企業の採用活動という極めて重要な営みさえ、いともたやすく阻害してしまうのである。

ちなみに、このような状況を放置しているのは、私の知る限り、日本企業だけである。アメリカの企業だったら、絶対にこのような状況を黙視していることはない。

では、なぜ日本企業はこうした事態に対処しようとしないのだろうか？

答えは明白、経営者の多くがインターネットの本質を理解していないからである。

前述した通り、経営者の多くが自社のサイトの訪問者数すら把握していないのだ。ましてや、自社がインターネットの世界においてどのような評価を受けているのか、どのようなネガティブワードを投げつけられているのかなどということは、知る由もない。

しかし、サジェストワードの上位に「パワハラ」「ブラック」といった言葉が出てくるのは、会社の看板にこうした言葉をスプレーで落書きされているのとまったく同じことなのである。

もしも、経営者が出社するとき、リアルな看板にこんな汚い言葉を落書きされていたらどうするだろうか。即刻、消すか、カバーをかけるか、看板を交換するか、いずれかの対応を取るだろう。そして、悪質な場合は警察に通報するかもしれない。なぜなら、ブランドイメージに大きな傷がつくと考えるからだ。

ところが同じ経営者が、インターネット上の看板に対する「悪質な落書き」のことは、気にもとめないのだ。リアルな看板の何千倍、何万倍の人が閲覧する可能性があり、しかも、閲覧した人の行動を変容させてしまうという調査結果が出ているにもかかわらず……。

こうしたネガティブワードは、「デジタルタトゥー」の一種といえるだろう。デジタルタトゥーとは、直訳すれば「デジタルで彫られた入れ墨」ということになるが、インターネット上にいったん書き込まれたコメントや個人情報は、完全に削除することが不可能であることを指す言葉だ。「この会社のパワハラはやばい」といった書き込みを一度されてしまうと、その書き込みの拡散を止めることは難しいし、インターネットの世界から完全に抹殺することは不可能なのだ。

もちろん、サジェストワードの上位にあるネガティブワードを下位の深い階層まで引き下げて、ユーザーの目に触れないようにする方法はある。イマジナもそうしたノウハウは持っているし、実際にクライアント企業をサジェストワードの汚染からプロテクトするサービスも行っている。しかし、根本的な問題は、経営者がインターネットの影響について、特にブランドに与える影響について、まだまだ関心も知識も不足していることにあるのだ。そんなことでは、自社のブランドを守り抜いていくことなどできるはずがないのである。

採用活動における インターネット活用の盲点……

ブランドのプロテクトという話から少々横道にそれるが、企業に対するネガティブワードはいったい誰がばらまいているのか、ということをお話ししておきたい。

まず、次のようなシチュエーションを考えてみてほしい。

あなたがA整骨院のオーナーだとして、あなたが経営しているA整骨院の入り口で、近所にあるB整骨院のスタッフがチラシを配っていたらどうするだろうか。

おそらく、「そういう営業妨害はやめてくれないか」とクレームをつけて、入り口の前から遠ざけるだろう。クレームを言われた方のスタッフも、おそらく、すごすごと引き下がるだろう。

これが、リアルな世界での常識だと思うが、はっきり言って、インターネットの世界はこうした常識やモラルが、まったく通用しない世界、法に触れさえしなければ何をやってもお咎めのない世界なのである。

ためしに、有名企業の名前を検索ウインドウに入力して、サジェストワードに「やばい」「パワハラ」「ブラック」といったネガティブワードが出てきたら、それをクリックしてみてほしい。

いったいどんなサイトがヒットしただろうか。

私の経験では、「○○○○会社　やばい」で検索をかけると、ヒットするのは概ね「転職情報サイト」である。

転職情報サイトの口コミ欄に「○○○○会社はパワハラがやばい」といったコメントが載っているのだ。

では、この転職情報サイト、いったい運営会社はどこなのかと調べてみると正体のよくわからない社名が出てくる。こうした運営会社の多くはダミーか、単にＷＥＢの制作を請け負っているだけの会社である場合が多い。

重要なのはこのサイトの裏側にいて、こうしたコメントを載せさせているのは誰か、さらに言えば、コメントを載せることで得をしているのは誰かということなのである。

次のように考えたら、わかりやすいかもしれない。

まず、「○○○○会社」が一流企業や有名企業だった場合、1日に何千回、何万回と社名を検索されている可能性が高い。そこに「やばい」「パワハラ」「ブラック」といったネガティブワードが加わると、大量の検索が「○○○○会社　やばい」「○○○○会社　パワハラ」の方に流れてくる可能性がある。

人間は、ネガティブ情報を検索したがる生き物だからである。

つまり、ネガティブワードを載せている転職情報サイトは、一流企業や有名企業に対する膨大な数の検索を、ネガティブワードとセットにすることによって、ひとまず自分のサイトに誘導しているのである。

では、転職情報サイトに誘導されて「やばい」というコメントを読んだ人はどのような反応をするだろうか。

いま現在、○○○○会社に勤めている人だったら転職を考えるかもしれないし、○○○○会社の求人に応募しようと思っている人だったら、別の応募先を考えるかもしれない。

いずれにせよ、転職情報サイトを訪れた人は心理的に不安になって何らかのアクションを起こす可能性があるわけだ。そして、転職情報サイトをスクロールしていくと、多くの場合、「人材派遣会社」の広告が出てくるのである。不安にかられたユーザーは、今度は人材派遣会社のサイトに誘導されていくことになる。

要するに、転職情報サイトという、一見、公平な第三者として情報提供を行っているように見えるサイトが、実は、自社にユーザーを誘導しようとしている人材派遣会社によって運営されているケースが非常に多いのである。この場合の黒幕は、人材派遣会社ということになる。

人材派遣会社にしてみれば、人材の流動性が高まって転職が増えれば増えるほど紹介手数料を取れるわけだから、ネガティブワードがたくさん入ったコメントほどありがたいのである。

ちなみに、転職情報サイトの口コミ覧の投稿者の属性を見てみると、その会社を辞めた人、つまり「元社員」による投稿である場合が多い。会社を辞めるのは、その会社が嫌だから辞めるわけで、元社員が辞めた会社を悪く言うのは当然と言えば当然のことなのだ。

「会社、社員を大切にするべきだ」と、ことあるごとに言っている私は、こうした人材派遣会社のやり方に、正直なところ憤りを禁じえない。

人材派遣会社は、当然、派遣先のクライアント企業から収入を得ているわけだが、その一方で、企業を辞めた人間に口コミで悪口を書かせ、ネガティブ情報を打ちまくってアクセス数を増やし、転職を煽って紹介手数料稼ぎをしているのである。

これを、人材派遣会社のクライアント企業の側から見れば、人材を確保するために人材派遣会社に金を払い、金を払っている相手が陰で運営しているサイトで誹謗中傷を受け、その結果、人材に逃げられて、再び人材を確保するために人材派遣会社に金を払っているということになる。

こんな状況を想像してみてほしい。

A社という旅行代理店があったとしよう。A社は高齢者向けのツアーが人気で、売上高は500億円近くあった。ところが、コロナ禍に見舞われて一気に売り上げが50億円にダウン。経費を圧縮するために泣く泣く本社を移転することになってしまった。

そんなある日、A社の若手社員であるB君の元に、地方で暮らす両親から電話がかかってきたのである。

「いま、旅行会社は大変だっていうから、あなたの会社のことをインターネットで検索してみたのよ。そうしたら、『倒産』とか『潰れる』『本社売却』なんていう言葉ばっかり出てきて……、会社、大丈夫なの?」

この電話で不安になったB君も検索をかけてみると、「倒産」「潰れる」のオンパレードである。たまりかねて同僚に相談をしてみると、同僚がこう言うのである。

「うちの会社、やばいらしいな」

図14を思い出してほしい。

人間は3回、同じ情報に触れるとそれを認知し、7回同じ情報に触れるとそれを信じてしまうのだった。

仮にA社が十分な内部留保を持っていたとしても、「倒産」「潰れる」を7回繰り返し耳にしたら、B君はそれを真実だと思ってしまう可能性が高いのである。

そして、B君が会社の将来を悲観して退社してしまったとしよう。A社はあわてて代わりの人材を探そうとするが、A社に関するネガティブ情報が拡散してしまっているため、募集広告を出しても一向に応募者が来ない。

そこで人材派遣会社に高額の手数料を支払って、人を派遣してもらうことになる……。

このようなビジネスモデルが平然と存在しているのは日本だけであり、それを、誰も咎めようとしないのも日本だけである。

こんなビジネスを許していて日本の社会がよくなるわけがないし、本当に日本の会社では人材が育たなくなってしまうと私は憂慮している。

こうした不毛な仕組み、不毛なビジネスモデルを一掃していくためにも、経営者はもっともっとインターネットの世界での自社の評判に関心を払うべきである。

そして、インターネットの世界に対してどんどん意見をぶつけていくべきだと私は思うのである。

ここまで、インターネットの闇の側面について述べてきたが、闇に翻弄されて歯ぎしりをしているだけでは、悔しいではないか。

なんとか、逆襲する方法はないだろうか。

インターネットの闇を逆手に取り、ブランド価値向上を

先ほども述べた通り、デジタルタトゥーは永遠に消去することはできないが、ネガティブワードをアップしている組織よりも高度な技術を使えば、アルゴリズムに操作を加えることによってネガティブワードを深い層に沈めることは可能である。

ただし、ここにも闇の世界が口を開けている。

たとえば、過払い金請求の代行で儲けていた弁護士事務所が食べていけなくなって、インターネット上のサジェストワード、口コミ、レビューの削除を請け負うケースが増えているのだ。

「サジェスト汚染」という検索ワードでひっかかる弁護士事務所には、そうしたところが多い。

悪質な弁護士事務所の場合、ネガティブな口コミやレビューをアップしている企業に対して内容証明郵便を送り付けて、脅迫を繰り返し、和解金や慰謝料を取ろうとしたりもする。こうした強硬手段を取ると、相手側の反発に遭って問題がこじれてしまう場合もあるし、サジェストワードをきれいにする費用の相場などあってないようなものだから、とてつもない金額を請求されるケースもある。

インターネットの世界には、実に闇が多いのだ。

しかし、だからといって経営者が敬遠をしていては、自社のブランド価値を守っていくことなどできないのだ。
いくら敬遠したところで、向こうが放っておいてはくれないからである。

では、どうするか？

「蛇の道はへび」というわけではないが、インターネットの世界を誹謗中傷の世界に貶めている「匿名性」を逆手に取ることによって、自社のブランド価値を向上させる方法がある。

たとえば、「この冬にビジネスマンが読むべき書籍20選」「神田で働くOLが選ぶおいしいラーメン屋ベスト12」などという「ランキングサイト」や、「売れ筋コーヒーメーカー10台徹底比較」といった「比較サイト」を目にしたことのある人は多いと思う。

旅行をするとき、目的地の土産物のランキングサイトを事前にチェックしておいて、お目当ての土産物を買った経験のある人もいるだろう。

この手のサイトに商品名や店名が載っていると、第三者機関によって公認されているような、専門家からお墨付きをもらっているような、そんな印象を受けてしまうものである。

ランキングというものが本来的に持っているパワーとしか言いようがないが、人間はランキングや比較の結果を堂々と示されると、その情報の出どころや正当性を吟味することなしに、その内容を信じてしまいがちなのである。

では、この手のサイトの運営者はいったいどこの誰なのだろうか？

実を言うと、ほとんどの場合、ランキングの上位に入っている商品の製造元や販売会社であったり、比較サイトに登場する店舗の親会社だったりするのである。

「そうか、第三者による評価と見せかけて、自分の会社がつくった商品を1位にしているのか、ケシカラン！」

こう思う人がいるかもしれないが、手口はもっと巧妙だ。

通常、自社の商品は決して1位にはしないのだ。1位には、本当に人気も実力もある商品なり店舗なりを据えて、自社のものは2位か3位に入れておく。

そうしておいて、コメント欄の文章で客を誘導するのだ。

たとえば、ラーメン店のランキングサイトだったら、1位にはそのエリアで本当に一番おいしいと評判の店を据える。そして、2位か3位に自分の会社が運営している店舗を入れる。

さらにコメント欄に、「1位の××ラーメンは激混みで、平日の日中は大行列。1時間待ちは当たり前」などと書き込み、自分の店に関しては「地元の人しか食べに来ない、知る人ぞ知る隠れた名店」などというコメントを入れる。

こうすれば、知名度が低くても、味がよくなくても、行列を避けたい人を誘導できるというわけだ。

なんとも姑息な手法だが、ランキングサイトや比較サイトの正体は、ほとんどがこうした「自作自演」。サイトを運営しているのは、ランキングに登場する商品の製造元か、店舗の運営会社であると考えて間違いない。サイトの運営者として名前が出てくる会社はダミーか、WEBの制作を請け負っているだけの広告代理店である。

自社への導線として インターネットを利用する！

こうした「からくり」を踏まえた上で、私がいくつかのクライアント企業に勧めているのは、ランキングサイトや比較サイトを広告媒体として利用する方法である。いや、純粋な広告媒体というよりも、「自社を知ってもらうための導線」として利用すると言った方がいいだろうか。

たとえば、弊社・イマジナのクライアントに人間ドックを運営している「Aクリニック」という医療機関があるのだが、現在、このAクリニックに人間ドックの比較サイトを開設して、そこに他の人間ドックの情報とともにAクリニックの情報をアップしてもらっている。

もちろん、デタラメな情報を載せて無理やりAクリニックに誘導しようとすれば、先ほどのラーメン屋のランキングと同じことになってしまう。ランキングを信じて一度はAクリニックを受診する人がいたとしても、リピーターになる可能性は低いだろう。下手をすれば、SNSで辛口のコメントを書き込まれ、拡散されてしまう危険性もある。

まずいラーメン屋にリピートする客はいないのである。

だからといって、バカ正直に本当の情報を載せてしまったら、競合との比較優位を示せない可能性もある。比較サイトを見てAクリニックよりもBクリニックの方がいいと判断されてしまっては、わざわざ比較サイトを立ち上げる意味などない。

では、比較サイトに本当の情報を載せて、しかも、「自社を知ってもらうための導線」とするには、いったいどうすればよいのだろうか？

私が立てた戦略は、以下のようなものである。

まずは、競合する人間ドッグの情報を徹底的にリサーチするのである。費用、所要時間、土日の対応、当日の結果説明の有無、検査項目などあらゆる項目についてリサーチを行う。次に、自分が一般的な利用者（たとえばサラリーパーソン）であるとしたら、いったいどの項目が選択の際に重要なポイントになるかを考え抜くのだ。すると、サラリーパーソンが人間ドックを選択する場合、以下の3点が決め手となることが見えてきた。

・所要時間
・土日の対応
・当日の結果説明の有無

まず、所要時間に関して言うと、半休を取れば受診できる所要時間の人間ドックと、全休を取らなければ行けない人間ドックがあるのだが、自分がサラリーパーソンだったら間違いなく半休で受診できる方を選択するだろう。つまり、半休で行ける人間ドッグの方が「優位」である。

次に土日の対応だが、これも言うまでもなく、土日対応をしてくれる方がサラリーパーソン的には有難いだろう。土日対応アリが「優位」だ。

そして、当日説明の有無である。時間的な問題を考えれば、受診当日に結果説明をしてもらえる方が圧倒的に「優位」だろう。

当日説明がない場合、日を改めて結果を聞きに行かなければならないわけで、もう一回休みを取らなくてはならない。

さらに言えば、検査というものは、受けてしまうと結果を聞くまで不安なものである。日頃からストレスの多いサラリーパーソンにしてみれば、心理的にも当日説明アリの方がだんぜん「優位」である。

このように、「選んでもらうために」決定的に重要なポイントを競合相手と比較してみて、もしも、イマジナのクライアントが「優位」に立てていなかったらどうするか。比較サイトに掲載する情報に下駄を履かせて、クライアントをトップや第2位に据えるのは簡単なことである。

しかし、それでは先ほどのラーメン屋のランキングと同じこと。一度は受診してくれる人がいたとしても、リピーターとなることはないだろう。長期的に見れば、これはマイナスの結果しか残さない。

実は私は、競合との比較によってクライアントの弱点が明らかになった段階で、その弱点を克服するためのコンサルに入るのである。

そして、クライアントが確実に競合に勝てる優位性を、実際に築き上げてしまうのだ。それも、上辺ではなく社員教育のレベルから行う。インナーブランディングを徹底的にやった上で、その成果を比較サイトに反映させるのである。こうすれば、競合に負けるはずがないのだ。

Aクリニックの例でいえば、クライアントの社員に対して最初に行ったのが、人間ドックを受診するのは「患者ではなくお客様である」という意識づけであった。人間ドックは、病気や怪我の治療をするものではないから健康保険は適用されない。受診する人は全額を自費で支払う「お客様」なのだ。ところが、人間ドックを運営しているのは医療機関だから、どうしても受診する人を患者扱いしがちだ。そして、医療機関は患者を待たせることを何とも思わない。だから、どんなに待たせても平然としているのである。こういう感覚の人間ドックに、忙しいサラリーパーソンが大金をはたいてやってくるだろうか？

私はクリニックのスタッフに、「受診者は患者ではなくお客様なのだ」という意識を浸透させ、検査時間を極力短縮するだけでなく、会計の待ち時間も含めて、いかに受診者を待たせないかを徹底的に考えてもらったのである。その結果、他の人間ドックよりも圧倒的に短い時間で検査を終えられる体制をつくり上げることができた。その他の項目についても同様に検討を加えてもらって、絶対的な優位性を築くことができたのである。

その成果を比較サイトに「情報」として載せることによって、比較サイトは「自社を知ってもらうための導線」として有効に機能することになった。しかも、そこに虚偽の情報は一切載せていないのである。

別の見方をすれば、私のやり方は、比較サイトをドラスティックな改善のためのテコとして使う方法であるとも言えるだろう。

バカとハサミではないが、インターネットも使いようなのである。

さて、こうして消費者を自社に誘導する導線やきっかけをインターネット上につくるのは、正直に言うと、それほど難しいことではない。広告代理店などには、目をつぶっても勝ててしまうぐらいの自信が私にはある。

しかし、経営者が自社の独自性にこだわって、本気になって自社のブランドを守り育てていこうと思っていなければ、いくら巧みな導線をつくったところで社員にまでは浸透しないのだ。そして、社員に浸透しないものは、消費者にも伝わらないのである。

やはり、最後は「人」、一にも二にも「人」なのである。これこそが、いま求められる「Branding経営」なのだと理解していただきたい。

Chapter 4のポイント

- ブランディングにおける
WEBの影響力を知る。

- WEBの知識を持ち、
ブランドを守り抜く。

- 人材採用での
WEB活用の真実を掴む。

- ブランド価値を向上させる
WEB戦略を熟知する。

- WEBを駆使して自社への導線をつくり、
認知を拡大する。

おわりに／管理職は、会社の「Show Window」である

本書の最後に、私が最近力を入れている管理職教育についてお話をしておきたい。

これは、Braning経営の最たるものである。


私はこれまで、2700社にのぼる企業のコンサルティングを手掛けてきた。2700社ともなるとまさに玉石混交で、ポテンシャルの高い企業もあれば、空中分解寸前の企業もあり、その原因も千差万別である。


しかし、ダメな会社には共通点がある。

それは、管理職がダメだということである。管理職がダメだと、間違いなく会社全体がダメなのである。

「管理職がダメとは、いったい何をもってそう言うのか。管理職になれる

能力のある人材が、まったくダメということはないだろう」

こう反論する人がいるかもしれない。

しかし、仕事ができるから優れた管理職というわけではないのである。

プロ野球や高校野球の世界には、現役時代に名選手と謳われた人が、コーチや監督になるとまったくマネジメント能力を発揮できないというケースがよくある。

これは企業においてもまったく同じことで、営業マンとしてバリバリ仕事をしてきた人材が、管理職としても優秀かというと必ずしもそうではないのである。

管理職の役割は組織をマネージし、部下を育成することにある。

管理職としてのスキルは、営業のスキルとはまったく別のスキルなのである。

いまわが国では、働き方改革の影響で、どの企業も勤務時間の制限が厳しいが、極力残業を減らすとなれば単位時間あたりの仕事の効率を上げるしかない。

結果、管理職がまだ仕事を覚えていない新入社員や、未熟なスキルしか持っていない部下に、手取り足取り仕事を教えてやる暇がなくなってしまったのだ。

「そんなことにかける時間があったら、自分でやった方が早い」。こう口にする管理職が、とても多いのである。

プレイングマネージャーなどと言う呼び方を聞けば、あたかも「実務も管理能力もある有能な人材」という印象を受けるが、実態は、忙しすぎて部下の面倒を見る時間のない、名ばかり管理職である場合がほとんどなのである。

これは、多くの日本企業に共通する深刻な課題であり、いまや、日本の多くの会社で「部下が育たない」という現象が起きている。

管理職自身も、いつまでたっても担当者レベルの仕事をやめることができず、管理職としてのスキルを身につけることができない。

その結果、組織が弱体化していくという悪循環が、多くの企業で起きているのである。

こうした悪循環をどうすれば断ち切れるのかといえば、なんとかして管理職が管理職としての仕事をやっていく以外にないのだが、では、管理職が本来やるべき仕事とはいったい何なのだろうか？

私が管理職の仕事として最も重要だと考えているのは、自社の目指す先や方向性を理解し、その方向性に向かって部下を育成することである。

もちろん業績のアップも大切だが、本来、管理職の能力は仕事に前向きな人材を何人育てたか、会社にとって財産になる「人財」を何人育てたかによって測られるべきだと私は考えている。

だから、私が請け負う管理職トレーニングでは、どうすれば人を育てることができるかを管理職と一緒になって追究していく。

新入社員をトレーニングするプログラムは多くの企業が持っているし、新入社員研修を請け負うコンサルタントもたくさんあるが、管理職のトレーニングを請け負うコンサルなどほとんどいないから、定番のメソッドなど存在しない。

だから私は、一緒に走りながら考えるのである。

多くのコンサルタントが向き合ってこなかった「管理職のトレーニング」という領域に向き合うことで、私は組織にとって管理職とは何かという本質が少しずつ見えてきたのを実感している。

トレーニング方法の糸口も徐々につかめてきた。

現段階で私がつかんでいる管理職の仕事の核は、「会社の理念を語るアンバサダー」である。

アンバサダーとして、末端まで理念を具体的に浸透させる役割を負っているのが、管理職なのだ。

部下に対して理念を語る以上、管理職自らが理念を体現した存在でなければならないことは言うまでもない。

つまり管理職とは、会社の「Show Window」なのだ。

そして、Show Windowは、常に磨かれていなければならない。

これもまた、言うまでもないことである。

2023年1月

株式会社イマジナ 代表取締役　関野吉記

イマジナが提案するブランディング

＜ひと（社員を大事にする）＞を軸に
あらゆる活動をひとつのストーリーでつなげ、
最大の効果を生み出す

貴社が大切にする想いや強み、これからのビジョンを、
時代背景や顧客のニーズ、社員の意見などを踏まえながら
＜ひと（社員を大事にする）＞軸を構築し、
一貫したストーリーをつくり出します。

点となってしまう施策を線につなげて実行することで、
ベクトルの揃った強固なブランドを構築、
経営者と根幹から関わり、社員を巻き込みながら、
社員が誇りに持てるブランディングを進めていきます。

イマジナが提供するサービス

想い・大義

理念の理解浸透

・カルチャーブック
・書籍制作
・ホームページ
・ブランドムービー
・社内報アプリ
・浸透度調査

環境構築

社員の誇り醸成

・社名/ブランドネーム
・ロゴデザイン
・ユニフォームデザイン
・オフィスデザイン

適正なルールづくり

・人事評価制度
・戦略マップ構築

採用・定着

外部への魅力発信

・採用戦略設計
・採用媒体の選定
・採用イベント企画
・ビジョンマップ
・リクルートサイト
・リクルートムービー

教育・育成

社内の再教育

・管理職研修
・アンバサダー研修
・広報/PR担当育成

待遇UPのための 業績改善

PR戦略

・メディアアプローチ
・SNSマーケティング
・展示会
・書店プロモーション
・大学教授との連携

営業販促ツール

・会社案内
・書籍
・営業用パンフレット
・プレゼン用資料
・名刺

Profile…… 関野吉記

株式会社イマジナ代表取締役社長。London International School of Acting卒業後、イマジネコミュニカツオネに入社し、サムソナイトなど多くのコマーシャル、映画製作を手がける。その後、ビジネスの領域に転換、ステージを舞台や演出から企業へとシフトする。投資部門に出向し、アジア統括マネージャーなどを歴任。経営において企業ブランディングの必要性を痛感し、株式会社イマジナを設立。映像制作で身に付けたクリエイティブ手法を活かし、アウターとインナーを結びつけたブランドコンサルティングで、すでに2,700社以上の実績を挙げている。最近では活躍の場を地方自治体や伝統工芸にまで広げ、ジャパンブランドのグローバルブランド化を推し進めている。

イマジナに少しでも興味を持った方は、次よりお問い合わせください。https://www.imajina.com/

社員に向き合い続けることが、最良の道

Branding経営

～人的投資×管理職育成×社内外広報戦略～

2023年1月30日　第1刷発行

著　者　関野吉記
発行者　鈴木勝彦
発行所　株式会社プレジデント社
〒102-8641
東京都千代田区平河町2-16-1 平河町森タワー13階
https://www.president.co.jp/　https://presidentstore.jp/
電話　編集 03-3237-3733
販売 03-3237-3731
販　売　桂木栄一、高橋 徹、川井田美景、森田 巌、末吉秀樹、花坂 稔、榛村光哲
構　成　山田清機、木村朱里（イマジナ）
装　丁　鈴木美里
組　版　清水絵理子
校　正　株式会社ヴェリタ
制　作　関 結香
編　集　金久保 徹
印刷・製本　大日本印刷株式会社

本書に掲載した画像の一部は、Shutterstock.comのライセンス許諾により使用しています。

ISBN　978-4-8334-5224-3
Printed in Japan
落丁・乱丁本はお取り替えいたします。